笑撃！オレンジのいじめ絶滅計画

死にたい毎日が楽しい日々に変わる人生の瞬間

オレンジ
泉聡　田中哲也

ビジネス社

はじめに

みなさん！　こんにちは！

僕は吉本興業東海支社所属「オレンジ」というコンビで、東海地域を拠点に活動している漫才師の**田中哲也**《たなかてつや》といいます。本書を手にしてくれたみなさん、本当にありがとうございます。

オレンジは、おかげさまで１９９９年のコンビ結成から今年で22年目です。名古屋市中区栄3丁目にあった「吉本栄3丁目劇場」が初舞台。東海エリアではありがたいことに番組やイベントに出演させていただいて東海エリアでは声をかけてもらえる地元密着芸人！

オレンジは凸凹コンビで、背が低く金髪モジャモジャがトレードマークなのが僕です！　まわりからはドジをよくするので**「ポンコツ芸人」**と言われます。

１９７８年11月8日生まれ、ツッコミ担当、田中です！

相方は**泉聡**《いずみさとし》ことイズさん!!　ボケ担当の5歳年上（１９７３年5月16日生まれ）で背が高いほう！　身長は15メートル！……笑え！！！（失礼しました！　読者がシーンとなったのを感じたの

「イズさん」こと泉聡（写真右）と「てっちゃん」こと
田中哲也のコンビ・オレンジ！

で）吉本のお笑い養成所（ＮＳＣ）の同期でもあります！

そんなイズさんからは「てっちゃん」と呼ばれています！　20年以上コンビを組んでいると相方から、友達、先輩、家族、保護者、夫婦……など関係性が変わる（笑）。何が言いたいかと聞かれるとイズさんは**「頼れる相方」**です！　僕らオレンジは漫才を主軸にして「お笑い」と「福祉」をテーマに活動しています。

僕はマラソンを趣味でしていて42・195キロよりも長い距離100キロマラソンに挑戦しています。本編でもお話ししますが、2019年6月30日第34回サロマ湖100キロウルトラマラソンで9時間46分26秒の記録を出して本大会お笑い界最速ランナーになりました。

そのマラソンで教わった体操をもとにお笑い健康体操としてオリジナル体操を作り、オレンジ、後輩らと高齢者施設を一緒に回っています。

そしてもうひとつ、僕は中学時代から約10年間いじめにあい、その体験談を話して、いじめ防止活動をしています。講演は60校以上でさせていただきました。お笑いを通してコミュニケーションの大切さを伝える活動です。

ありがたいことにフジテレビ系列東海テレビさんで僕の特集を組んでもらいました。

「先輩芸人にゴミ箱へ…中学から壮絶な『いじめ』芸人が『命要らん』から『楽しい事ある』

に変わるまで～「もう20年」…かけがえのない相方～」とタイトルが付き、反響が大きかったのです！

その後、Ｙａｈｏｏ！ニュースのトップ記事になり、まさかのアクセスランキングが１位に！！！！

その日は安倍首相、小室圭《こむろけい》さんのニュースを抑えて僕とイズさんの記事が１位に！！！！

アクセスランキングを見たときは「ウソ！！！？？？」、ネットにバグが出たと思いました。

その後も厚生労働省の広報誌「厚生労働」に１ページ特集を組んでもらいました。取材では自分の思いを伝えさせてもらったのですが、発売された記事を見たら、緊張して顔が引きつっている写真が掲載されていました。

そして今回、本書の出版はＹａｈｏｏ！ニュースで取り上げられたことがキッカケです。記事を読んでくれた東京の出版社ビジネス社から「本を出しませんか？」と連絡が来たんです。

マネージャーから話を聞いたときは「本当ですか？」と何回も聞きました。

本を出す！！？？

実は本を出すことに苦い思い出がありまして、僕はもともと文章を書くのが得意ではありませんが好きでした。

ブログをはじめた頃、同時に「いじめ」をテーマに小説も書いてました。

当時、自信の塊で懸賞小説に応募しました。

なんであんなに強気だったかわかりませんでしたが、応募した懸賞小説の編集者から連絡が来て「出版しないですか?」とお声がかかりました。原稿を毎日手直して「小説家デビュー!夢の印税生活」と思ったら、その編集者から「出版には120万円かかります!」と言われました。

心の中で「自費出版かい!!!」とツッコみました。

才能はないということを痛感しました。めちゃくちゃ落ちこみもしました。

イズさんにその話をしたら「オモロいわ!」と言われ二人で爆笑しました。今ではトークのネタにしています。

最初のビジネス社との打ち合わせで、僕の懸賞小説の話をしたらビジネス社の担当者さんが「うちは150万です!」と言われました。

今回も心中で「自費出版かい! しかも30万高なっとる!」とツッコみました。担当者の方から今回は、そういうお話ではなくちゃんと出版していただけるということで一安心……担当者さんへ「**自費出版と違うんかい！**」。

チャンスをいただき、ありがとうございます！

本書はオレンジのコンビ結成、裏話、僕たちが力を入れているコミュニケーション活動をはじめ、自覚はないのですが、まわりから「ポンコツ」と言われる僕と頼れる相方イズさんとの凸凹人生話。二人の学生時代の話や僕が中学時代から芸人になったあとまでのいじめの経験も紹介させていただきます。

いじめを受けていた苦しい時期の話、思い出したくない過去、しかしそれが人前で言えるようになるまでのキッカケ。

かけがえのない相方であるイズさんが支えてくれたお笑い人生、助けてくれたからこそ今の僕がある。

振り返ってコンビで話すのは多少の照れがありましたが、改めて感謝する気持ちになれました。

本に書いたような、いじめを受けた経験を、僕は「いじめ講演」「コミュニーケーション講座」として東海地方の小学校、中学校、高校、会社の研修会などに足を運び、たくさんの子どもから大人までお話しさせていただいてます。

しかし、いじめの件数は年々増えています。

子どもたちからいただく感想の中にはいじめにあった経験を持つ子もいます。

悩んでいる子どもや大人を減らす。

被害者をつくらない、それと同時に加害者をつくらない！

気づけなかったあの日。

「大切なもの」を見つけたときに気づいた感情。

少しでも僕の経験がみなさんのコミュニケーションを考えるキッカケになればうれしいです。

いじめに関する活動はずっと続けていきます。

オレンジ結成からのこの22年いろいろありました。

ＮＳＣで知り合ったイズさん、お互い何も知らない者同士が続いた22年。

たくさん笑い、たくさんぶつかり合い、お互いに支えあって、乗り越えた22年。

その中でオレンジはたくさんのかけがえのない出会いがありました。

山口智充さんこと、ぐっさんの17年続く番組「ぐっさん家《ち》」（東海テレビ）でご一緒してる先輩。

宮川大助・花子師匠には漫才のアドバイス、人と人のつながりの大切さなど教えていただいています！

吉本のみならず多くの先輩、後輩芸人のみなさん、名古屋を拠点にして頑張っていたからこそ応援してくれている地元の企業のみなさん、ファンのみなさんの応援、支えなしにはこの22年はなかったと心から感謝しています。

本当にありがとうございます！

本書が、オレンジの新たな出発点として、さらなる飛躍のきっかけになるよう、今後も多くのみなさんに楽しく笑顔を届けるお笑いコンビとして頑張っていきたいと思います。

令和二年　二月

オレンジ　田中哲也

オレンジ

泉聡と田中哲也による異色の漫才コンビ。吉本興業東海支社所属。主なレギュラー番組に「ぐっさん家」(毎週土曜日18:30 ～東海テレビ)、「いちばん本舗」(月～金11:15 ～東海テレビ　泉のみ)。また、大須演芸場定席寄席にも定期的に出演中。結成年月：1998年 2月。

田中哲也
（たなか・てつや）

生年月日：1978年11月08日
身長／体重：159.7㎝／ 58kg
血液型：O型
出身地：三重県 四日市市
趣味：ボランティア活動／
　　　アニメ／プロレス観戦
特技：100キロマラソン
1998年 NSC名古屋校 5期生

泉聡
（いずみ・さとし）

生年月日：1973年05月16日
身長／体重：180㎝ ／ 73kg
血液型：AB型
出身地：三重県 南伊勢町
趣味：戦国時代に関連すること／
　　　プロレス観戦
特技：草野球／海釣り
1998年 NSC名古屋校 5期生

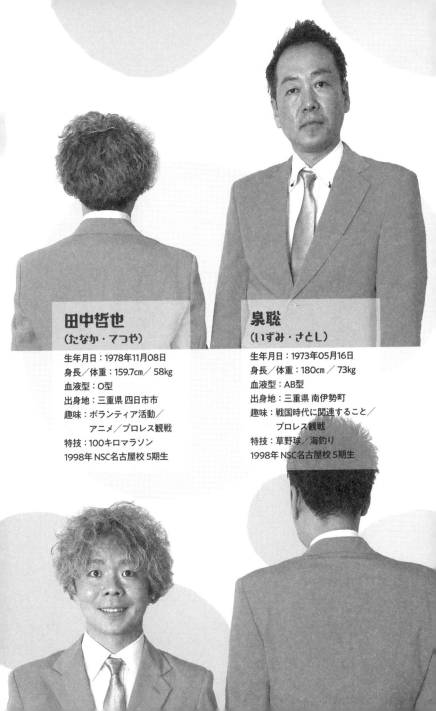

第2章 ● 実は僕いじめられっ子だったんです

第3章 ● 社会に出てもいじめはある

第4章 ● いじめについて考えよう

第5章●笑いとコミュニケーションで、人生は楽しんだもん勝ち！

取材協力／大須演芸場

第1章

オレンジってなんで「オレンジ」？

なんで「オレンジ」なの？

泉　しかし、俺らもコンビ組んでもう22年か……よう続いたなぁ。
田中　長いようで、あっという間のようで。コンビ名も結成からずっと変わらんしね。
泉　最初は「五ヶ所みかん」って案もあったの覚えてるか？
田中　覚えてる。「イズさんの家がみかん農家で五ヶ所みかんが有名だから」やったけど**「なんで、イズさんの家の宣伝やらなあかんの!?」**って文句言った。
泉　でも「みかんってかわいくない？」って聞いたら「みかんなんて、そのままやん」って言うから「ほんなら、ちょっとひねってくれや」って返したら、あなたドヤ顔で「オレンジっていいんちゃう？」って。ぜんぜんひねってない！
田中　はは。当時はJUDY AND MARYの『Hello! Orange Sunshine（ハロー！　オレンジ・サンシャイン）』が流行《はや》っていて「みかんってオレンジやん！　ジュディマリの歌にもあるしカッコイイ！」って思ったんよ。でも、イズさんようこんなコンビ名でOKしたな。
泉　自分が言ったんやろが！　まぁ、この際やから細かい話しとこか。「オレンジ」をカタカナで書くと「オレ」に「ンジ」やろ。もともと「オレ流」が気に入ってたし、「ン」と「ジ」って似てるけど「ン」のほうが「ジ」にちょっと足りなく見える。逆に言えば「ジ」のほうが「ン」よりちょっとずつ多い。俺が大きくて、てっちゃんがちっちゃい。だから、「凸凹コンビで、俺ららしく名古屋で行こうぜ」って気持ちを込めたのがオレ流の「オレンジ」っていうコンビ名の由来かな。

田中　そうやったんや……、知らんかった（後づけ）。

泉　**ウソやん！　今知ったの自分！**

田中　「名古屋芸人なんだからドラゴンズのブルーにしろ」って言われたのは覚えてる。

泉　それは吉本の社員さんが冗談で言うてることや。まぁ、俺らがコンビ名変えようって考えたことはなかったな。

田中　オレンジの衣装は当時の名古屋吉本の偉いさんから言われたな。

まだ田中の髪の毛にパーマがかかっていない頃

泉　私服でネタやってたときに「オレンジっぽさゼロやな。自分らでなんか衣装を考えてみたら？」ってなって、こうなった。
田中　なんかダサいなと最初は思った。
泉　けどダサいのでええし、わかりやすいし、インパクトをつけたくてオレンジの衣装を着たのが最初やったな。
田中　あの派手なオレンジスーツ、名古屋の大須《おおす》で、既製品で売ってた。僕ら以外に誰が着るんやろうって話で、**大須はときどき変わった物を売ってる**（笑）。
泉　テレビも何もかも全部、上下オレンジ色の衣装ってなったから、めっちゃ目立つし、ええやん！　ってなったんやけど……。
田中　名古屋から出るとなぁ……。
泉　当時、京都の祇園花月《ぎおんかげつ》とかに出番かけてもらって、あの格好《かっこう》でいるとき、青い上下の衣装の銀シャリさんとかと一緒になる。京都のお客さんは、めっちゃオモロいヤツが出てきたなとなって勝手にお笑いのハードルが上がっててびっくりしました。でも芸人の世界は目立ってなんぼなんで、この衣装にしてよかったです。
田中　あと、オレンジの衣装を着るとイズさん、師匠感がめっちゃ出るよな。若手のライブで東京とか呼んでもらったときもおもしろかったわ。

泉　LIVE STANDってお笑いイベントな。千葉の幕張《まくはり》やったっけ。ブワーッと大勢いる楽屋にオレンジ二人で座っとったら、俺のとこだけ若手がめっちゃ挨拶《あいさつ》しに来る（笑）。なんかすごい師匠が一人座ってるみたいな感じやったんやろうな。

田中　「NSC某期生、○○です！」ってな。挨拶した後で、その子らが何を話してるのかと盗み聞きしたら「あれどこの師匠？」ってひそひそ話をしている（笑）。

泉　友近さんが俺の楽屋に来るときもミニコントになって、「あんた、何してんの？」「いやや〜」とか。ケンコバさんとかとも声かけてくれたり。そうすると、また若手がそれを見てるから「やっぱりあの人すごい人なんや！」って勘違いする（笑）。

田中　**「名前は知らんけど、とにかくすごい人」**って存在やな。

泉　そんなのが何回かあると「すみません、遅れました！」とかもよう言ってくるわ。もうそろそろ、ええかな、と思ってるけどな（苦笑）。

田中　僕も同じ衣装やのに、ぜんぜん挨拶ない！

泉　これねえ、頭がバーコードやったら完全にそうなるかもしれんけど、なぁ。

田中　バーコードはイヤや（笑）。

泉　金髪にしたのはいつだった？

田中　作家さんに「華がないから、金髪にしてこい」って言われてから、ずっと。

泉　それパーマなん？

田中　地毛は、ストレートの直毛。大変よ。2～3か月に1回ずつ、金髪とパーマ。

泉　それで数万。

田中　しますねぇ。若い頃はきつかった。でも案外、傷んでないのよ、髪。

泉　**頭使わないからなあ**。

田中　いや脳細胞が死んでるみたいな言い方して（笑）。

泉　…………。

田中　え、違う……。

泉　てっちゃんにダメ出ししな。誰が頭悪いねん！　ってツッコんでくれる？

田中　こ、これ、原稿で生かしてください。

泉　却下やな～。

田中　あー！！！！

20年かけて出てきた漫才の味

泉　コンビ結成当初は、漫才をメインにして頑張ってたよな。２年目の２００１年に出た「第22回今宮戎《いまみやえびす》マンザイ新人コンクール」のことは覚えてる？

田中　最終ラウンド一位で決勝行ったときのことやろ。

泉　最終ラウンドの翌日が決勝本戦ってとき、ちょっと余裕こいてなぁ。

田中　「絶対いける」って（笑）。

泉　「もう大賞や」って思って、朝から大阪のアメ村に行ったな。

田中　めっちゃ、お金使った。大賞の賞金は確か20万円やったかな。

泉　二人ともバンバン買った（笑）。昼には吉本の偉いさんからも「大阪に来てるんやったら、本社に顔出せや」って言われて行ったら「おまえら、今日頑張れよ」って激励されるから「頑張ります、見に来てください」って、もう勝つ気満々。

田中　吉本の関係者も会場にたくさん来てくれてたなぁ。

泉　本番の漫才もワーッて歓声を浴びて終わったし、審査員の重鎮っぽい先生も終わった後に肩をポーンって叩いて「ええ漫才してたで！」なんて言ってくれるもんやから「あーもう、これ余裕やなあ」ってふんぞり返っていた。

田中　そうやった（笑）。

泉　結果発表のときは、出演者全員が舞台に上がるから、ぎゅうぎゅうの屋外ステージや。安田大サーカスさんも出場してて、2部門獲ったんかな。

田中　奨励賞とこども賞のW受賞。

泉　次は大賞の発表ってなったときに、安田大サーカスさんは覚えてるかどうかわからんけど「これはもうオレンジやな」って顔で俺らをずっと見てる。見られてるから、キュウキュウやけど、ちょっと俺ら前に出た（笑）。

田中　結果発表の「ダダダダダダダダダ……」のドラムロールの後、司会者が「最後に優勝者は！　ダブルコセガレ！」

泉　**誰やねん⁉**　って（笑）。

田中　結果、4位（笑）。二人の小倅《コセガレ》に負けました（笑）。

泉　そんで舞台の前へ出てたけど、ダブルコセガレがスポット浴びとるから、**今度はスーッとうしろに下がったわ**（笑）。

田中　恥ずかしかったなあ。

泉　その日の夜、本番前に声かけてくれた偉いさんにご飯を食べさせていただいたときも「いや、ほんまおまえらよかったのになぁ」って労《ねぎら》ってくれたんやけどな。

田中　さすがに翌年参加するのは怖かった。

泉　「まあ、ええわ、行こう」ってなって、決勝ラウンドまでまた行けた。翌日がやっぱり決勝やってんけど、その晩のおとなしいことおとなしいこと（笑）。何もとれなかったらどうしようって、えらいプレッシャーや。

田中　夜、ホテルでずーっと二人でネタ合わせをやった（笑）。覚えてるわ。

泉　結局、おかんと子どものコントやって、最後は漫才。で、その年は何とかひとつ賞をいただけた。それが香川登枝緒《かがわとしお》賞っていう「将来性があって話芸に長《た》けてる人がその賞を取ります」って

今宮戎マンザイ新人コンクールに出場していた頃

いうのが選考基準やけど、**それから大道芸しかしてない**（笑）。

田中 話芸に長けてない（笑）。ぜんぜん話芸じゃね〜。

泉 これではアカンということで、最近は漫才をめっちゃやってる。でも、自分らで言うのもなんやけど、歳取ってくると漫才がええ味になってくる。やっぱり丸くなってくるというか、てっちゃんの天然なところが、どんどんどんどん、いい味になってきてるしな。昔だったら、その天然なところに、すごい強いツッコミを入れたり、わけのわからんこと、いらんことばっかりしてたと思うわ。今だからようやくと言ったらおかしいけど、22年経って、てっちゃんのことがちょっと理解できたかなと。

田中 **時間かかりすぎです！** それも「ちょっと」って（笑）。

漫才と再度向き合うきっかけは大須演芸場

田中 実際に漫才にシフトしだしたのは、ここ2〜3年かな。

泉 名古屋の大須演芸場のリニューアルが大きい。今もよく呼んでもらう中京地区唯一の寄席で伝統もある小屋やけど、1回つぶれた。つぶれる前は、オレンジは1回も出てないんだけど、2015年に最高顧問に初代林家三平師匠の奥さん・海老名香葉子《えびなかよこ》さんを迎えてリニューアルオープンしました。それもあって東京から笑点メンバーだとか、まぁ、錚々《そうそう》たる噺家《はなしか》さんや芸人さんが集まったなぁ。大阪からも桂文枝《かつらぶんし》師匠が入ったりだとか。

田中　すごいメンバーやったな。

泉　東西のミックス寄席みたいでな。そこにオレンジも立たせてもらって、ネタを15分するっていう出番をもらったときに、漫才ともう1回向き合うええきっかけを作ってもらったと思うわ。

田中　そうやな。

泉　大須演芸場は特別な劇場で、通常の興行でも名古屋の芸人だけでなく、大阪の芸人さん、東京の芸人さんが入る。吉本はバラエティーショーみたいな全員最初から最後までドカンドカンとウケていくスタイルが基本。でも、大須演芸場の寄席になると、野球の打順じゃないけど、1番バッ

大須演芸場で舞台に立つ
現在のオレンジの様子

ター、2番バッターの役割がある。例えば、仲入り前にオレンジが最後から2番目に出たら、最後の師匠がやりやすい空気にする。

田中 お客さんを整える、っていう場所ですからね。寄席の場合は。

泉 てっちゃん……、**今の絶対どっかの受け売りやな**。

田中 バレた。先輩の受け売りです。

泉 もうアカン。ただのパクリ芸人やん。

田中 いやいや、借りてるだけです。**レンタル芸人**です。

泉 でも、お客さんが入ってるのに、反応が重いとなったら、負けたくないっていうのがあるので、オレンジはやっぱりウケたくて、そっちのほうに頑張ってしまうわな。

田中 あと、時間もピッタリ終わらなあかんのも寄席ならでは。緊張するわ。

泉 しとるなぁ。俺が少し遊ぼうとするとき、あなたはウケがちょっと悪いと、すぐもぞもぞする。**大汗かいて**。

田中 いや、それはさぁ、15分って決まっているのに、ひとつのネタを延ばそうとするときがあるからや。「時間ピッタリで降りなあかん」っていうプレッシャーがあるんよ。

泉 ちゃんと15分でいつも終わらせてるやんか。ちょうど大須演芸場の舞台真っ正面に時計があるし。あれを見ながらちゃんとネタ運びしてるわ。

田中　でも、怖いやん！

泉　そうか？　だいたい俺は最後の30秒で、これやれるっていうところで計算しながら持っていくんやけどなぁ。まぁ、大須演芸場では時間オーバーしたら次の師匠にも失礼にあたるから、気持ちがわからんでもないけどな。

田中　オレンジのライブやったら、そんなことを気にしないからいいけど。

泉　吉本のバラエティなんかやと結構オーバーしてくる人が多いからなぁ。大須演芸場をはじめとする寄席小屋は、きっちり決まった時間に降りて来なあかん。あと30秒あるからっていう余裕と、30秒しかないというう、いい緊張感の中でやらしてもらってる。

田中　イズさんが時計を見ながらね。

オレンジがお世話になっている大須演芸場

これが
オレンジの大道芸
田中の風船入り！

泉　困るのは大道芸のネタのとき。風船を大きく膨《ふく》らませて、てっちゃんが中に入るんやけど、たまに風船が割れたりする。

田中　あるある、バチーン！　ってな。

泉　まぁ失敗や。そのときに笑えばええのに「もう、やってもうた」って暗い顔して、あなた。「てっちゃん、笑わないと」って思わず言ったわ。

お客さんに**「あんた、どんな顔してんねん？　風船が割れただけやのに」**。

オレンジの笑い

泉　同じテンポの漫才はたぶん、てっちゃんはできないよな。

田中　間違えたり、ネタ飛ぶこと多いしなぁ。

泉　同じテンポで漫才するテクニックがないから、間違ったり、ネタが飛んだりで、そのたんびに変化するからね。ただ、てっちゃんのキャラクターって一生懸命やっているちょっとアホな子やから、ホームラン級の笑いがドカーンと来ることもあるし。

田中　ネタでやってるんやけど、ほんとに間違えることもある。でも次も一緒のトーンで間違えられるっていうか、間違いを覚えちゃってるんで、間違いをやればいいと思っている。**だから「本当」がわかんなくなるときある**。

泉　今日も2本、寄席の舞台やったけど、ここで、てっちゃんは俺の右側に来なくちゃいけないタイミングなのに、何か違うことをやっちゃったりとか、よくあるよなぁ……。まぁでもそれも味だと思うしかないか。

田中　ご苦労かけます。

泉　やっぱり俺が強い感じやからなぁ。ツッコミすぎると、それこそいじめやん。ちっちゃい人が大きい人を叩いてるのは、ぜんぜんアリやけど、逆やしなぁ。

田中　前に一度、イズさんが「おまえ、大丈夫か？」って言ったの覚えてる？

泉　あ～あれな。次の漫才の直前の舞台袖《そで》でやな。えらい緊張した顔してるんで、「おまえどっかのくだり、不安なところあんの？　相談したいことあったら、今やったら間に合うから言えよ」ってなぁ。

田中　ネタ合わせで僕がめっちゃ不安だったんで……。

泉　**真顔で何を言うかと思ったら「『はい、どうも～』ってどっちから言うの？」**やで。どうでもええ！　どうでもええ！　それマジで言うてんの？　って。そんなこと心配するよりもネタをちゃんと覚えてくれ！

田中　そんなエピソードいっぱいあるなぁ。

泉　賞レースになると、本当、緊張でガッチガチになるしな。寄席の空気のほうが、オレンジの持ち味でやれるんかもしれないな。緊張感はめちゃくちゃあるけど、そのウケているときのリズムと、ウケてないときのリズムって、てっちゃんの場合はもうわかりやすいし。

田中　イズさんは、ほんとにしっかりしてるからなぁ。でも1回だけ僕はイズさんが緊張してるのを見たことある。

泉　いつ？

田中　全国ネットの『爆笑レッドカーペット』（フジテレビ系）っていう番組のとき。赤じゅうたんの上に立ってネタやって流れるやつ。最初に、「続いては、オレンジだ〜！」とMC紹介があって、「どうも〜」って出てったら、まさかのイズさんが、赤いじゅうたんに乗らなきゃいけないのに、一番センターの真ん中に行っちゃった。これは終わったときに、どうやって流れるんだと思って焦った（笑）。

泉　勢いよく出すぎて、止まったところが最先端。途中から上手《かみて》に戻ってきましたけどね。

田中　上手に戻った、戻った。あれぐらいやわ、イズさんが緊張したの見たのは。

泉　あなたが、しっかりしてなさすぎ！　まあ、緊張しがちなてっちゃんの魅力を俺がうまく引き出せればいいんやけどな。ただ「はい、どうも〜」がどっちからとか、緊張するポイントがようわからんから、ほんま困るわ。

田中　大道芸のネタは大丈夫やろ。風船割れたとき以外やけど……。

泉　**風船が割れても笑いなさい！**　まぁ、それもあって、オーソドックスな漫才もやるけど、大道芸的なネタも作ったのが本当のところやな。子どもらの前でよくやる「スエットがドレスに変わります！」とか、さっきも出てきた「大きい風船に入ります！」とか、**いわゆるイルカのショーみたいなネタ**。大道芸みたいなネタをやってるときのてっちゃんは「よく合わせるね」っていうぐらいリズムを合わせてくれる。そこはいいんやけどな。

田中　うん、うん。本人必死やけどね。

泉　てっちゃんが、ネタ飛んだら、間違えたらこういじろうとか考えやすい。ネタを1回止めて注意する、みたいなのがお客さんの前では斬新《ざんしん》に見えたりとかするんで、それがおもしろくて笑ってくれるんやったら、そういうやり方もありなんかなと。普通それを隠して、どんどんネタって進めていくのが常道《じょうどう》で「あ、そこ飛んだんやったら、次のくだりを先に入れよう」とかなるもんやけど、オレンジは「ほんまにここ間違えてるとこやから、1回ちょっと注意しよか」っていうな。

田中　**注意されているのに、何が正解かわからんときもあるけど……**。

泉　それはアカンでしょ。とはいえ、てっちゃんのポンコツ加減を活かしながら笑いをとるのがオレンジらしいとも言えるしな。

田中　うん、うん。

泉　吉本にたくさん芸人おるけど、てっちゃんみたいなキャラはいないもんなぁ。

田中　そうなんかなぁ。

泉　**自覚ない？　すごいなぁ**。漫才ってボケの人の世界があって、冷静にツッコミが処理をしていく。それが漫才。ツッコミはお客さんの代弁者みたいなもん。でもてっちゃんは代弁者にはならないので、ツッコミの言葉がおかしい。それが持ち味！

田中のキャラは吉本でも例を見ない

田中　うーん。

泉　もうええわ！　まぁ、高い年齢層のお客さんにも、かわいがってもらえるキャラクターやし、いじりがいもあるしな。

ボケとツッコミ揺れながら

泉　本当は俺、きっちりした漫才をずっとやりたかったんやで。それこそダウンタウンさんの漫才だとか、やっぱり、カッコいいしな。

田中　カッコいい！

泉　もちろんむっちゃおもしろいし。でもな、ドランクドラゴンの塚地武雅《つかじむが》さんと名古屋の番組で一緒になったとき「田中のツッコミは、全部10で行く。ツッコミって2もあれば3もあって、10のとこも必要やけど、田中の場合はずっと10でワーワーワーワー言ってる。それは泉がわかってんの？　それに強弱つけられたら、もっとおまえらバランスええのになぁ」ってアドバイスっていうか気にかけてくれたこともあったんよ。

田中　ありがたい兄さんや。

泉　ただ「ここは10やなくて2や！」いうても、てっちゃんにはなぁ……。

田中　なぁ……（苦笑）。

泉　ほんなら、もうどっちがボケでもツッコミでもええんと違うか、って思ったんよ。お客さんに「オモロいやん、自分ら」って言ってもらえたら、それが自分の理想とする王道の漫才でなくても、アドリブ的な漫才でもええやんって。もっといける要素って何かないかな、って思った。

田中　そこから大道芸のネタになったんや。知らんかった……。

泉　**どこまでお気楽やねん！**　とはいえ実際は、てっちゃんが「2泊3日の旅行でもするんかいな」って大量の荷物を持って現場に来てたのがキッカケや。

田中　何かあったら、いかんからね。**心配性やからどうしても荷物は多くなる**。

泉　カバンの中を見たら、いろんな小道具が入っとった。それも9割使わずに、そのまま持って帰るのにな。

田中　そんでイズさんが「今日営業やから、子どもら多いし、カバンの中のもの使って、なんか好きなことやってみたら」って言ってくれて。

泉　俺が調教師で、まぁ、猿回しみたいなネタ。**それが想像以上にウケた**。

田中　めっちゃウケた。子どもたちも喜んでた。

泉　そのとき「ああ、てっちゃんは、こういう感じの世界の人なんや」ってわかってたんよ。だから今、大須演芸場で、てっちゃんがツッコミやってくれてるけど、ほんまは、ボケの人なんよな。だからもうちょっと歳とったから、オモロなってくるんかなあって。

田中　最近、**「歳とってハゲ散らかしたら絶対おまえ、オモロなるぞ」**と言われた！

泉　そうや！　おめでとうございます。鈴木宗男先生。参議院議員選挙ご当選。

田中　いや、僕じゃないです。よく似ていると言われるけど。

泉　ああ、違うん？　そうや、それで思い出した。何かの仕事で、ＭＣの仕事させてもらったとき、偉いさんがいて、てっちゃん、「衆議院議員」が言えなかったよな。

田中　しゅーぎーぎーん。

泉　ちゃ、ちゃ、違う！　俺、それネタかと思ったけど、ほんまに言えない。楽屋でずっとこれやってて、「違う。違う。ギーンじゃない。シュウギインギイン」。**俺は幼稚園の先生か！**

田中　昔のイズさんやったら「いやもう、いい加減にしろよ」って怒ってたけど「おまえなんで言えんのや！」って一緒に腹抱えて笑ってくれた（笑）。これは芸歴のおかげや思ったわ。コンビ組んで長なったから、何を二人でこんなアホなことやっとんねんって（笑）。

泉　こっちは笑うしかないねん！　でも、こういうのがオレンジなのかもな。俺らが主催するオレンジ寄席でやる漫才は、オレンジのファンの方も多いから、てっちゃんはもうアホな子で、テンパってネタが飛ぶ子や、みたいなのがわかってる。だから、俺がてっちゃんに、セリフもそうやけど、正しい流れの順番とかをレクチャーして、復唱させるっていうあのパターンも、アホな子、ポンコツやから成立するやん。何が来るかわからないから楽しい。

田中　ネタ嚙《か》んだり、飛ばしたりしたときのな。

泉　てっちゃん、絶対言われへんもんな。それも素で。さっきの衆議院議員のようなくだりをずっとやってると、だんだんそれが笑いになってくる。だから若い頃は、焦《あせ》って自分らのスタイルをカッコつけたい、ばっかりで考えてたと思うわ。

田中　カッコよくやりたかったもんな。

泉　でもな、テレビのお笑いバトルとかでも、長

似ているのか!?　田中の鈴木宗男先生

いこと勝ち残って画面にずっと出てることよりインパクトを残すのが一番ええというのがわかったときがあって、それってライブもそうだなって。だから、ボケボケ、ツッコミツッコミ……とイレギュラーかもしれんけど、それで行こうってなってから、またオレンジの漫才は変わったと思う。

田中　ボケとツッコミ揺《ゆ》れながらやね。

泉　そう揺れながら、どこまで本当で、どこまでネタかわからないという。目の前のお客さんが喜んでくれて、オモロいって言ってくれるのが一番やしな。だから、野球選手はバスケの選手になれんのと同じように、オレンジは、ダウンタウンさんのようなスタイルの漫才は絶対ムリやって、自分らもわからないといけないなって自覚したよ。

田中　うん。

名古屋の笑い

泉　名古屋っていう土地は本当にブランドが好き。だからルイ・ヴィトンの売り上げも名古屋が異常に高いとか、結婚するときの奥さんの嫁入り道具が豪華とか。

田中　昔からそうみたいやね。

泉　見栄を張る文化があるんやろうな。だから大阪の芸人さんが来たら「本物だ！」ってすごく喜ぶとか。

田中　逆に地元の名古屋芸人のネタのときには結構シビア。

泉　名古屋芸人にとって地元・ホームやのに**「あれ、なんかアウェイでやってる？」**みたいなのはよくあった。

田中　特に昔はそうやったよな。

泉　まぁパチモン（ニセモノ）という言い方はおかしいけど、なんかそういうイメージがな。地元なのにテレビ局も地元の芸人をあまり使いたがらない。かといって、大阪の人たちみたいに「じゃぁ、ウチらがゼロからこの子、育てたろか」とかはあんまりないかもしれんな。

田中　逆にいうと、名古屋の芸人が東京へ行ってブレイクしたら、使ってもらえる。だから不思議な文化やと思う。一緒に名古屋でやってた人たちが東京に進出したとたん、名古屋の番組にめっちゃ出てたりするしな。

泉　そうやね。名古屋で活動してる芸人がメディアに出ないというのは、かなり多い。ほぼほぼそうかも。オレンジはローカルやけど、テレビとか出させてもらってるので、やっぱりお客さんの「あ、知ってるヤツが来たよ」っていう反応は多い。だから、おかげさんで最初の入り口はめちゃくちゃ入りやすいよな。でも、オレンジがなんばグランド花月（NGK）とかよしもと祇園《ぎおん》花月に行ったら、やっぱり「誰？」ってなるから、そこから入る漫才と「わあ、なんかオモロい人が来た」から入る漫才とでは最初からぜんぜん違う。

田中　まだまだ名前の知られてない芸人さんなんかはもっとやね。

泉　ただ、名古屋のお客さんは1回かわいがってもらえると、**結構ウェルカムな感じ**になるのはあるな。

田中　名古屋のお客さんのブームもあるみたいね。東京のブーム、大阪のブームって時期によってブームが違う。昔、2丁目劇場があった頃も……。

泉　大阪の心斎橋筋にあった吉本の劇場な。

田中　そこで活躍していた千原兄弟さんや2丁拳銃さんとか人気の大阪の芸人さんが名古屋に来るとものすごく盛り上がった。その後もテレビでコントが流行りはじめたら、東京の芸人さんを応援する。今はM-1で東京も大阪もミックスで頑張ってるから、東京と大阪を応援する。吉本新喜劇も放送されてるから、新喜劇も人気やな。

泉　俺が子どもの頃に観てたぐらい昔からテレビで昼の12時から1時は絶対新喜劇やったな。

田中　土曜日の午後。

泉　新喜劇は、名古屋でもやっぱり強いな。

オレンジでの活動

田中　オレンジとしては、いろんなところに出演させてもらってる。

泉　**闇《やみ》営業じゃないですよ**。

田中　それは安心してください。

泉　ちゃんと事務所を通してな。

田中　キレイで大きい会館でお客さんも1000人キャパのところから、本当に村民しかお客さんがいないようなところまで。軽トラの荷台じゃないけど、そんなところでやる企画があったりとかな。お客さんがたくさんいる、いないは関係なく。

泉　経験値はたくさん積ませていただきました。

田中　なかでも印象に残ってるのが、**フェリーの中での漫才**。すごい荒波の中でやったよな。

泉　あれなぁ。台風が通過した後やったかなぁ。鹿児島の志布志《しぶし》から出航して、外海に出て、和歌山湾から大阪湾に入って大阪までの航路。外海に出たら波がすごかったなぁ。ちょうどお昼の食事のときにオレンジの漫才やったけど、**二人の間に立ってるサンパチマイクが左右に揺れた**。

田中　揺れた、揺れた。

泉　お客さんも漫才のネタで笑ってるんじゃなくて、サンパチマイクが左右に動くから、二人の体もそれに合わせる。なんか、その動きがお客さんにウケて、ヘンな形で笑いをとってたなぁ。

田中　めっちゃウケたんやけど、僕がひどい船酔いで、舞台の途中でイズさんに任せてトイレに駆け込んで……。

泉　**漫才のネタ中に放棄して、舞台から消えるなんて、まあ、ない!**　残された俺は一人でやれって話や。

田中　そしたら次の日、いろんなお客さんから「大丈夫!?」って声かけられて、知らん間に人気者になっとった(笑)。

泉　俺、一人で頑張ったんやけど!　てっちゃんは、こんなんよくあるよなぁ。SKE48さんの「じゃんけん大会」でもあったよな!

田中　MCをやらさせていただきました。たまたまイズさんのスケジュールが合わなくて、一人MCやった。

泉　「大丈夫か？」って思ってたら、村上ショージ師匠も来てくれてて。あなたはショージ師匠のネタでも、ツッコまないとアカンのに**全部合わせていったらしい**な。「ドゥーン！」「しょうゆうこと」って村上さんがネタ出したとき、あなたはどうしたんですか？

田中　**「出ました名人芸〜！」**って……。

泉　アカンがな、ツッコまないと（苦笑）。

田中　SKEのファンの人から**「おまえ、MC下手くそ!!　コルァァ！　ツッコめよ！」**って怒られた。

泉　そらそうやわ。その後の、じゃんけん大会でもやらかしましたな。

田中　チームの名前を間違えた。

フェリーの船上で瀬戸大橋を持ち上げる2人、この後に田中は舞台から逃走

泉　それだけやないですよね。何をしたんですか。ちゃんと言いましょう。

田中　すみません！　**舞台から逃げました！**

泉　チーム名を間違えたなら、冷静に訂正すればいいだけなのに、テンパって舞台から消えるなんて、もうワケわからん！

田中　SKE48のスタッフさんが「早く戻ってください！　戻ってください！」って。その間もショージ師匠が、「ドゥーン！」「しょうゆうこと」と言って盛り上げてくれてるんよ。だけど「イヤだ！　イヤだ！」って戻らなかった……。そしたら、**翌年から仕事がなくなりました。**

泉　当たり前や！　そんなMCできないヤツに、させたらあかん！

田中　もうそれは僕、伝説ですね。

泉　自分で言うんかい！　イヤな予感はしたのよ。2日間開催された1日目の夜は「今日のじゃんけん大会はすごく楽しかった」ってTwitterでツイートしてたから安心しとったんやけど、次の日からは一切、ツイートがなかった。「何か起きてるな〜」と確信しました。案の定、起きとったなぁ。

田中　起きてました……（汗）。

泉　ぐっさん（山口智充）とご一緒する『ぐっさん家《ち》』のロケ中もやらかす。マツタケ狩りでマツタケがカメラマンさんの目の前にあって、ぐっさんに「ちょっと、てっちゃん〜！　マツタケ、どれぐらい取れた？」って聞かれたとき、あなた「こんなに取れましたよ」って言いながら、**カメラマンさん無視して、**ぐっさんに見えやすいようにマツタケ見せる。

田中　カメラマンさんに**「それじゃ、マツタケが手で隠れて見えない！」**って怒られる。

泉　もう、そのやり取り、光景を俺とぐっさんとで、ずっと笑って見てるっていう。ああいうのは、てっちゃんらしいなあ、って思うわ。**テクニックちゃうから、スゴイ**わ。

田中　ポンコツが起きるんよ。なんでやろう。

泉　それ、ほんまもんのポンコツやで！

名古屋芸人として生きる道

田中　イズさんは、東京へ行きたいとは昔から言わないね。

泉　昔から地元志向やね、完全に。

田中　僕はずっと「東京に行きたい」とか言ってたよな。

泉　スピードワゴンさんをはじめとしていろんな方が東京でドーンと売れると、そこで初めて名古屋のテレビ局って使ってもらえるというのが多い。やっぱり実力っていうのが必要なんやろうけどな。

田中　名古屋のテレビ局もお客さんも知名度を重視する。

泉　ただ、千原せいじさんから「俺らの時代やったら、全員東京に行かんとムリや。せやけど今の時代は、地方におっても売れる時代になったわ」って話を聞いたときに、ようやくそういう時代になってきたのかなと思う。

田中　そうやね。今回の本の話も東京の出版社からやしね。

泉　名古屋でずっとやってきたからこそ、オレンジに人脈っていうのも結構たくさんできたしな。そこから三重県の南伊勢町観光大使やったり、今までにはなかった福祉芸人として高齢者施設での仕事とか、いろんな活動もたくさんさせてもらってる。てっちゃんのコミュニケーション講座なんかも名古屋の企業さんから依頼が来るしな。逆に名古屋で、この地元で頑張り続けて「ああ、あいつら全国的に売れたぞ！」っていうパターンもありかなと思っている。まぁ、**戦国時代から名古屋で天下を取った人がたくさんいた**わけですから。名古屋芸人……地元で頑張るって、それだけはブレてないというか。

田中　普通は若手の頃なら特に東京って憧《あこが》れる芸人が多いんやけど、イズさんはぜんぜん関心なかったん？

泉　正直、まったくないとは言わんけどな。ただ昔、千原ジュニアさんに「東京とか、どう考えてるの？」って聞かれたとき「東京行って売れたいですし、名古屋でも売れたいです」って答えた。そしたらめっちゃ叱《しか》られて「そんな中途半端なこと言ってるとダメや。名古屋やったら名古屋。名古屋を選んだらそこで一生懸命やったほうがええ」って。それで1回ちゃんと考えたこともある。「じゃあ、俺はどっちや」って。普通やったら、たぶん若い分だけ東京だと思うけど、名古屋を選んだということや。てっちゃんは「東京へ行こうよ、東京行こうよ」って言ってたなぁ。それも何回も。でも、「行きたいんやったら、もう行きぃや」って言ってても行けへん。

田中　気づいたら行かんかったなぁ。まぁ、行く勇気

名古屋で天下とったる！（なぜか時代劇調）

がなくて……。

泉　いや、知らん。それ、知らんがな。

田中　**お金もないし……。**

泉　それはおまえが頑張れ！

田中　まじめな話、ただ単にカッコつけて「東京行こう」って言ってるだけだったんだと思う。「東京のほうがスゴい！」って、色眼鏡かけて見てただけ。イズさんと一緒に名古屋で20年頑張ったからこそ、今、振り返ったら、オレンジを応援してくれる人がものすごくたくさんいてくれてた。「ああ、イズさんが言ってたことは、こういうことなのか」と応援してくれてる人たちにも、イズさんにも感謝してるわ。

第2章

実は僕いじめられっ子だったんです

中学からはじまったいじめ

泉　「いじめ」で若い子が自殺とか、イヤなニュースは後を絶たんなぁ。警察庁が発表した「平成30年（2018年）中における自殺の状況」っていうのがあって、2018年の自殺者の2・9％は未成年で、その原因・動機は「学校問題」が最多やっていうから、やっぱり「いじめ」もその中にあるんやろうな。

田中　そうだと思う。僕もいじめられてたんよ。だから、なんか気持ちわかるっていうか。自殺はあかんよ！　あかんけど、僕も一歩間違えば、その中に入ってたかもしれないっていう瞬間あったんよ。

泉　いじめにあってたんは、**いつ頃**から？

田中　中学1年から中学時代ずっと。

泉　きっかけはなんなの？

田中　中学で陸上部に入ったのがはじまり。

泉　陸上やっとったんか？　あ、今もマラソンやってるもんな。

田中　いやいや、ぜんぜん違う。なんで陸上部に入ったかというと、うちのお母さんが……。

泉　**カズコ**ね。

田中　**個人情報出すな！**　そのカズコ、いやお母さんが（笑）、「高校に上がるためには内申点が必要だ」ってずっと言ってたんよ。それで、「中学の陸上部の先生がすごく評判がいいから、そこで頑張ったらいい点もらえるから、その先生にお世話になり！」って。

泉　内申点を稼ぐために陸上部に入ったの？

田中　そう、だからなんかもう「陸上部に行かなきゃいけないんだ」とお母さんに洗脳されてた。でも入ったら、朝練からなにからほんと全部がキツい。それで練習サボるようになったんよ。

泉　動機が動機やし、まぁ、ついていけなかったということやな。

田中　今はマラソンやるけど、当時は持久力もなかったし、足も遅くて走るのは苦手だった。本当にお

ウワサのお母さん、カズコさんと田中

母さんの**「内申点」っていう言葉だけで入部**したんよ。そしたら部活を一生懸命やってるというか、まじめな子たちから「なんで来ないんだ」って怒られた。最初は、まあ肩を押すぐらいのところからはじまった。

泉　それが段々エスカレートしていったんや。

田中　少しずつ暴力を振るわれるようになって、そこからずっといじめられてた。

泉　やり返さんかったの？

田中　「やめろや」ぐらいは言い返してたと思うけど、それぐらいで。それより、やられるのがイヤやから、**気づいたらもう逃げてた**なぁ。ただ今でこそ、いじめられた理由が部活をサボってたことやったってわかるけど、当時は理由がわかんなくて「なんでこんなことをするんだよ、行かないだけだろう」って思ってた。

泉　まぁ、いうても、中学1年生なんて去年までランドセルしょってた子どもやし、きっちりできる子とできん子とかあるしなぁ。

田中　あとなぁ、四日市中央緑地体育館で開かれた大会で僕は800メートルとか1500メートルに出たんやけど、タイムも遅かった。中学1年生の頃はまぁ、仕方ないとしても、中2になると、いじめっ子らからすると自分たちは中学校1年生から記録も伸びて速くなってるのに、僕は遅いままやから「なんで遅いんや！」「練習サボってるからやろ」という理由でヒザ蹴《げ》りを入れられたりとかしはじめた。最初は来なかったことでいじめられてたのが、気がつくと、遅いとか何かしら因縁つけられてるというか、ヤツらのちょっとしたストレス発散なのかな、と思うことがあったなぁ。

泉　何もできんかったんや。

田中　やっぱり向こうのほうが腕っぷしも強いし……。

泉　いじめてた子らは何人ぐらいおったん？

田中　同級生の五人がメイン。でも、その中の一番下っ端みたいな子がひどかった。そいつが必要以上に僕をつけ回す。**変な話、イジメにも普通は休息があるん**よ。

泉　いじめられずにすむ時間な。

田中　そいつ以外が「まぁ、今日はええやろ」っていうような日も、そいつはやってくるから鬱陶《うっとう》しい。わざわざイヤミなことを言いに来るし、大嫌いやったわ。

泉　そいつは毎日欠かさずなんか。

田中　マジで皆勤賞だと思う。

泉　**いじめの皆勤賞**。

田中　そいつに自転車にいたずらをされた時期もあって。自転車をパンクさせられたり、かごをぐちゃぐちゃにされるんよ。それがイヤやから家から自転車に乗ってきて、学校近くのスーパーに停《と》めて歩いて学校まで行くようになった。でもヘルメットを自転車と一緒においておくと盗まれるかもしれないから、**ヘルメットをかぶりながら通学してたんよ**。そしたら先生が「おい田中！　おまえ自転車乗らへんのになんでヘルメットをかぶってるんや」って。

泉　なんて答えたん？

田中　当時は防災という言葉も知らなかったんで「**地震が起きたとき用です**。先生、上から何か落ちてきたら危険なんで」って。そしたら、一度、職員室に呼ばれたんよ。**「おまえ、頭大丈夫か」**って。

泉　**何やってんの!?**

田中　さらに先生に「おまえ、自転車どうしたんだ」ってツッコまれたときに「ちょっとパンクしちゃったんで置いてきました」と言い訳したんやけど「あ、これ以上自転車乗っていくとまずいな」と思って歩いて行くようになった。

泉　それで、その一番下っ端のいじめっ子は暴力もふるうの？

田中　そうやね。蹴《け》ったり殴《なぐ》ったりとか。もちろんその子だけじゃなくて、気づくと五人全員やったり、三人には毎日ボコボコにされてたと思う。

泉　暴力やったら、ケガとかなかったの？

田中　今でも後遺症があるのが、右手の親指。関節を逆側に曲げられて、今でも動くには動くけど、うまく曲げられない。陸上部の部室で三人がかりでやられて「痛い、痛い！」って訴えても、やめてくれれんかったんよ。

泉　骨折れへんかったん？

田中　折れなかったけど、ビックリするぐらい腫《は》れあがった。

いじめられても学校へは行く

泉　部活でいじめられてたけど、その一方で普通の中学生活は送ってたっていうことは、友だちはおったの？

田中　中学時代の友だちはいるにはいるし、そいつらも僕がいじめられてるのは知ってたと思う。殴られてる現場も見られてたし。ただ助けてもらえたかというと、それはなかった。

泉　**自分が巻き込まれたくないっていうパターン**やな……。

田中　どうなんかなぁ。当時の子たちとそこまで話はしてないからわからん。ただ、自分から「助けて！」っていうのは言えなかった。やっぱり自分が蹴られている姿を見られるっていうのは、めちゃくちゃ屈辱《くつじょく》やったし。だから、僕はこの中学でのいじめを通して、人を見るっていうことを学習しちゃったと思う。**この人は強いから、ついていけば大丈夫なんだ**とかっていう。

泉　てっちゃんの母親が天然だから、いじめに気がついてもらえなかったって話していたことあったけど、気づいてもらえるチャンスって中学3年間でまったくなかったの？

田中　僕も母親に同じことを聞いたことがあって、芸人なってからやけど。そしたら、「てっちゃん、イジメられてたん？」って本当に気がつかなかったみたいやわ。

泉　顔にアザだとか明らかに「最近、えらいケガしてんな」とか、やったら親も気づくけど、そこを徹底的に回避してたしな。見えるところにアザも一切ないから、たぶんわからなかったんやろうな。天然なおかんやしな……。

田中　**僕が言うのも何やけど、天然やな**（苦笑）。

泉　これで不登校だったり、学校に行ったふりして別の場所にいるとかやったら、少しは母親もわかるんやろうけど。てっちゃんの場合は、学校に行ってたんやろ。

田中　学校行かなかったらバレるやん。それがイヤだった。とにかく人にバレたくない。いじめは絶対に誰にも知られないって、心に決めてた。そういう点では僕は心が強いと思う。

泉　**それは強いというのか⁉**　中学時代に友だちはいてたって言ったやん。

田中　いたよ。

泉　ということはクラスから孤立したわけではないし、放課後にいじめられてたんか。

田中　一番は放課後。放課後は本当にイヤな時間やった。その時間をどうやって逃げるかずっと考えてた。

泉　いじめは部活の一部の人間のみってことや。

田中　そこで、たまにそれを見てるヤツがちょっと慣れてきて、こっちにちょっかいをかけてくるっていうのはあったけど。

泉　なるほどな。

田中　だから、先生たちが気づいていたのかどうか、それはわからん。ただ放課後以外でも、授業と授業の間に、陸上部のいじめるヤツらが来ることはあった。次の授業が理科で実験のために実験室に行かなあかんのに、行かせないように邪魔したりとか「こっち来いよ！」って服をつかんできたりだとか。

泉　鬱陶《うっとう》しいなぁ。

田中　休み時間にロッカーに次の授業開始ギリギリまで閉じ込められるから、結局、実験室に10分、15分遅れて行くことになるやん。そうすると、先生に「なんでおまえ遅れてくるんだ」って、昔やから頭をパチンて叩かれて怒られたりとか。授業開始直前に股間《こかん》に電気あんまをかけられて「やめて！　やめて！　やめてよ！」って言ってると、キーンコーンカーンコーン始業の放送が鳴ると放置。でも、服がめっちゃ汚れてるから、これで次の授業に行ったらまずいと、急いでハンカチを濡《ぬ》らしてふいてから教室に向かう。そしたら先生に「なんでおまえ濡れとんのや」って。「すいません！　走っちゃいました」って言ったんだけど「何言ってるんだ!!　馬鹿野郎」って、当時、先生がまだ怖かった時代なんで、めちゃくちゃ怒られた。

泉　でも、クラスの子らは気づかへんの？

田中　それは休み時間内の出来事だから、わかってたと思う。殴られてたのも知ってたんじゃないかな。でも特に何も起こらんかったから、とりあえずこのままシレッと中学生活は過ぎるもんだ、と思ってた。

泉　じゃれあってるように見えたんかもな。プロレスごっこじゃないけど。これもよく聞く話やけど。

田中　当時のクラスの子に聞かないとわからないけど、でも当時の僕はさすがに「どう、僕、いじめられとる？」とは、とてもじゃないけど聞けなかったしな。

泉　クラス全体に、そこには関わりたくないって心理は働いたやろうしな。明らかに血を流してる、とかだったら先生を呼びに行ったりするやろうけど……。ただ、毎日やられてるっていうのは、精神的にはしんどいなぁ。こんなこと言ったらダメだけど、**腕の1本でも折れてくれたほうが結果的には、よかったかも**しらんな。クラスの子も「え～っ」と思うやろうし、先生もさすがに気がつくやろうし。

田中　そうだったのかもしれないね。

泉　でも、てっちゃんの場合、全部隠してるしなぁ。

田中　隠し通したのもあるけど、いじめっ子も、わかっててやってたんかどうかわからんけど、殴る蹴るは全部ヒザとかお腹だったりとか、背中パチンとエルボーだったりやったから。

泉　痛いのもイヤなんやろうけど、精神的なもののほうがキツいからな。いじめの期間の長い分だけ。俺なんかからすると、それしかないと思うわ。だから、いじめられっ子って自分の世界へ、世界へって入り込んでしまうんじゃないかなぁ。じゃぁ、体育祭、運動会、修学旅行っていうのにも、ちゃんと参加したんか？

田中　もう大嫌いやった。**でも行かなきゃいけないっていう……。**

泉　なんと真面目な。普通なら行かない人が多いで。

田中　もうバレたくない一心で参加しとった。

泉　じゃぁ学校もずる休みしなかったんや。

田中　それはある。自分でも「これ、やばいな」ってときは、熱が出たから病院とか行くって言って「でも大丈夫やから」ってお母さんに心配させないようにしながら。でも、別にそれは、いじめられてるからとも言ってないし。

泉　いうても、そのずる休みも、毎月あるわけではない。

田中　基本は学校に行ってた。あんまり休むと、バレるんちゃうかっていう思いがあったからね。自分がいじめられてるという事実を認めたくない、当時は、ただただそれだけやったなぁ。

助けを求められなかった伏線

泉　小学校の頃はどうやったの？

田中　いじめられてない。ものすごくいじめられているAくんって子がいたんよ。とんでもないいじめられっ子が。もう**本当にジャイアンとのび太みたいな関係図**があって、学校中の先生がAくんを守ってた。

泉　**なんやすごい図式**やな。

田中　言い方悪いけどBくんって子が盛大にいじめてた。それを先生たち、Aくんのお父さん、お母さんはもちろんPTAの保護者の人たちともうまく連携して守ってたんよ。そのジャイアンのお母さんもちゃんとした人で、めちゃくちゃジャイアンに対して怒ってたんだけど、ジャイアンはなぜかやっぱり、のび太が気に入らない。最終的にはジャイアンも改心したし、根っから悪い子ではなかったとは思うんやけどな。

泉　**のび太、ジャイアンって、Aくん、Bくんやろ**。もう、のび太とジャイアンでええわ。でも、学校もジャイアンの親もいじめを知って、きちんと対応してるよな。

田中　その二人のことは、学校中のみんなが知ってる有名な話で、それがあったおかげというか、僕個人がいじめられるというのは小学校時代にはなかったな。たまにのび太に対してバカにした態度をとったこともあったかもしれんけど、そのときは担任の熱血教師だった古市先生に思い切り怒られたし、いじめてるというレベルではなかったとは思う。まぁ本人がイヤな思いをしていたら、いじめになるんだけど、そこまではなかったと。

泉　のび太も、てっちゃんが古市先生にちゃんと怒られてるのを見てるから、守られてるというか、何もしてくれへん、という感じではなかったやろな。ええ小学校やん。

田中　そうやね。それで、そののび太とはそのまま中学も一緒で、クラスも同じやってんけど、ちょっと自分にとってはショッキングなことが、こののび太のことであったんよ。

泉　なんなの？

田中　のび太は中学でもいじめられたんよ。いじめっ子とまでは思えないような普通の子が、いじめてた。のび太も過酷な小学校、中学校生活やったと思うわ。それで、のび太が学校を休んだ日のホームルームのときに先生が言った言葉を今でも覚えてる。「俺もAのことが嫌いだ。おまえらと一緒だ。でもいじめはアカン！」って。

泉　ああ、それは先生のほうがアカン！

田中　この言葉を聞いて、自分の中で「いじめにあっても助けてもらえない、先生には守ってもらえないんや」って思ってしまった。小学生の頃は、さっきも言った古市先生っていう女の先生が大好きで、小学生ながらに尊敬してたんよ。母親に小学生の頃の僕のことを聞いても「あんたはとにかく古市先生が大好きやったわ」って言うぐらい、すごい熱血先生で信頼してたし、何かあったら守ってくれるって安心してたんやと思う。でも、のび太に対する中学の先生の言葉を聞いた途端に**「中学では先生は僕を守ってくれないんや」**って思ってしまった。このことも、いじめを知られたくない、相談できない、っていう気持ちに拍車をかけたんだと、振り返るとそう感じる。

泉、お山の大将からの転落経験

泉　てっちゃんがいじめを周囲にバレないようにしたって気持ちは、俺もすごくわかるんよ。ただ、俺の場合は、バレたないと言うよりも、二度と言いたくない、思い出したくもないって感じかなぁ。俺も小学校の一時期やけど、周囲に避けられた経験あるんよ。まぁ、いじめって言ってもいいんかもしれん。

田中　イズさんも？　こんな圧あるのに⁉

小学生時代の泉。すでにデカい

泉　まだ小学生の頃や！

田中　イズさん当時からデカかったんやろ。

泉　**2メーター10センチくらい**。

田中　それはデカすぎ！

泉　160センチ前後やったかなぁ。中学生からぐーんと伸びた。で、今、180。

田中　僕なんて、中学生で140センチくらい。めっちゃ小さかったからなぁ。

泉　**今でも小さいけどな**。今いくつあるん？

田中　159センチ。

泉　ん？　プロフィールでは160・3センチやで。

田中　そう、実際は159・7センチ（笑）。サバ読みでプロフィールを出しました（笑）。

泉　160でええやん！

田中　なんか大きく見せたかったんですよ。見栄張ってた時期やね、それ。

泉　**0・3って。どんな見栄やねん！**　まぁ、俺は当時からお山の大将的なそれこそデカい態度とってたんやけどな。それが、世界が一変した。そのとき、ものすごい人間不信に陥ったわ。「毎日仲良かったヤツがなんでしゃべらへんの？」「なんでそんな無視できんの？　同じ人間か？」って思ったわ。周囲に仲良かったヤツらは今まで同様にいるのに、自分だけが一人の世界で生きてる感じ。ただ、その時期というのは、俺も誰にも相談したくなかった。そのいじめみたいなんが終わって、どこかでそれをカミングアウトしたときに、学校で弁論大会みたいなのがあって、先生から「いじめのこと、おまえしゃべってくれ」と頼まれたんやけど、断わったもん。

田中　そうなんや。小学生で。

泉　もう言いたないんよ。そのときの心情とか気持ちとか。弁論大会とか出て「僕はあのときこんな感情で、こうだったんです」なんて言うたら、また俺一人に戻ってしまうんやないかって思えてイヤやったし、いじめに関係したヤツらも聞くやろうしな。

田中　それが引きがねになったら怖いし。

泉　と言うのもあるし、やっぱりめちゃめちゃ友だちがおったのに一人になったときのつらさとか思い出したくない。てっちゃんも言ってたけど、遠足とかな。

田中　ああ、ほんまイヤやったわ！

泉　「じゃぁ、好きなヤツらと、チーム作って」みたいになったとき、いじめにあってるどストライクのタイミングでチーム組めるヤツいるわけないやん、一人やし。「なんなん、これ」

みたいな。「じゃあ、俺そこに入るわ」って友だちに言ってみても「いやいや、俺の判断ではムリやから、○○君に聞いてくれる？」と断わられてしまう。だから、俺の場合は「もう一人でええわ！」ってなったけど、でもやっぱり、その期間ははっきり言ってつらい。だから、いじめのことは言いたくないっていうのがある。

田中　「助けて、って言いなよ」というのもよく聞くけど、**当事者は言えないよ**。それは今の子でも一緒だと思う。周囲の誰かが気づいてあげて、それをどうカバーするかっていう考え方をしてもらえれば、**当時の僕もよかったのにな**、と思うことがある。

泉　いじめにあってるときの気持ちって、動けば動くほど、アリ地獄じゃないけど、どんどん沈んでいく感覚が強い。何か相談したら相談したで、またそこで具合が悪いことになって、動いたらまた誰も相手にしてくれへんようになる。どんどんどんどん、下に行く一方やって。絶対にあかんのやけど、こんなにつらかったら、もうほんまに死のうかなっていう気持ちも、わからんでもないかなぁ、って思ってしまうぐらい当人は苦しい。

田中　しかし**イズさんをいじめるって、ある意味すごい**な。自分には絶対ムリや、怖い。殴られたりもあるん？

泉　いやいや、陰湿《いんしつ》なヤツよ。ただ、俺の場合、てっちゃんとはちょっと違う。俺は自分勝手で、好き勝手やってたから、**クーデターみたいなのにあった感じ**やな。でもビックリやで、それまでグループの中で俺が一番中心におったのに、翌日いきなり一人やで。それから、だんだんほかのヤツらも、俺についてたらそいつも同じようにいじめられるから、もう誰も俺のまわりにはいなくなる。ついてこないっていうか無視やね。だから飯食うてるときも一人だったし、何するときも一人やった。いうても小学生や、キツいで。

田中　どのくらい続いたん？

泉　半年くらいやったかなぁ。ただ、まぁ俺の場合は、**原因は自分にあった**んよ。自分より弱いものを叩いてたりだとかしてて、いつの間にかまわりが見えへんようになってたっていうのがあったんで自業自得《じごうじとく》なんやけどな。それでも、あの一人の時間と、あのつらさって、もうほんと言葉にできない。小学校で人間不信に陥るって、やっぱり異常事態やと思うわ。それでも、先生に「僕はこんなんなってます」って、てっちゃんやないけど言いたない。

田中　親にもね。

泉　でも、「あれ？　こいつおかしい」って、おかんに気づかれた。「なんであんた、最近、一人で帰ってきてんの？」「家に友だちいっぱい遊びに来たのになんで来えへんの？」とか。

田中　天然のお母さんじゃなかったんや。

泉　いたって普通のおかんやな。そのときに、言うたかな「いや、実は今こんなになってて……」って。まぁだけど「いらんことせんといて」ともクギ刺したわ。チビながらにわかる。**親に変なことされるとまた、ややこしなる**って。

田中　親が出てくるとね。

泉　そう。なんか、いじめも陰湿やったしな。クーデターを起こしたヤツが直接俺にやるんやったらわかるんやけど、なんか周辺のヤツらが変ないたずらしてきたり。

田中　**イジメって連鎖するから「おまえがいじめる?」ってヤツがいじめてくる**んよ。向こうには、大義名分という盾があるから。それもよう考えたら変な大義名分で「みんながやってる」とかな。

泉　いじめにあう前の自分やったら、主犯のヤツをピンポイントでぶん殴ったら終わるってなったけど……。

田中　イズさん、暴力はあかん。

泉　あ、あかん、暴力はあかんよ。でも、完全に自信をなくしているときって、そういうことも失われていく。もうそれまでの自分の強さとか含めたすべてを忘れてもうて、なんもできないようになる。そういう期間があったね。悔しいけど。

田中　イズさんはどうやっていじめから抜け出せたん？

泉　俺の場合は、別な友だちが動いた。**「おまえが横柄《おうへい》にしてたから、そういうふうになったんちゃうんか」って直接言ってくれるヤツがおった。**そいつのおかげで救われたと思うわ。

田中　へぇ〜。

泉　まぁ、俺が横柄なことをやってたから、最初は、そいつも知らん顔してたんやけど、「やっぱりおかしいいん違う？」って思ってくれたんやろうな。「ずっと仲良しできたのに、なんで誰かの指示で、いじめみたいなことするの？」「もうやめようぜ」「あいつ、すごい反省してるし」みたいな感じで、無視してたヤツらにも言ってくれたんやと思う。それも俺の知らんところで。

田中　イズさんに忠告もしたうえに、周囲に働きかけてくれたんや。**大人やなぁ、すごいなぁ。**

泉　そいつが俺に忠告したり、まわりの子たちへ仲介をしてくれてなかったら、半年よりもっと続いてたかもしれんな。当時は、ほんまに誰ともしゃべってなかったし、自分から動くってこともなかった。俺だけではゴールがまったく見えない状態やったから。

田中　いじめって、ゴールがわからない。ほんとこれは、精神的ダメージが強いよな。

泉　こうしたらこうなるって確かなものっていうか、正解もないからな。やっぱりその期間に、自分でいろいろ考えて、自分より弱いものに手を出したらアカンなとか反省もした。それを小学校のときに1回経験してるから、てっちゃんの話も理解できるところがある。ここまで詳しく聞いたのははじめてやけどな。自分勝手なヤツのままやったら、イジメられてる側の気持ちなんて、今でもわからんかったと思うわ。

死ぬことも考えた

泉　中学時代のいじめで、ほかに覚えてるいじめはどんなの？

田中　僕の中で、好きないじめとイヤないじめがあるんよ。

泉　ああ、まぁまぁなんか耐えられるのと、どうしてもイヤなヤツってこと？

田中　そうそう。好きないじめっていうのは、ロッカーに閉じ込められる、トイレに閉じ込められる、校舎と校舎をつなぐ渡り外廊下に鍵をかけて締め出されるみたいないじめ。「痛い！痛い！」とか「怖い！　怖い！」って言っておけば、時間が過ぎて、制服も何にも汚れずにそのまんま元の学校生活に戻れるわけよ。別に恥ずかしくもないし。でも一番イヤなイジメっていうのは、もうとにかく靴で蹴られたりして靴の痕《あと》が服につくとか、**いろんな汚れが目立つい**

じめ。「何があったの？」って聞かれることがイヤなんよ。とにかく親にバレたり、先生や友だちに知られるのがカッコ悪いと思ってたんで、自分なりに必死で「隠さな！」って。

泉　知られることがカッコ悪いって。まぁ、今の子らでも、いじめられてる子が親に知られたくない、っていうのはよく聞く話みたいやしな。

田中　汚されると人の目につくやん。それがイヤで。だから休み時間なんかは、まずトイレに逃げて、いじめてるヤツらに会わんように隠れたり、放課後も必ずトイレの大のほうに入って鍵を閉めて20分ぐらいしてから、正門から逃げると見つかるんで、陸上部の部室裏の金網が破れてるとこから逃げたりとかしてたりしてた。あと、イヤないじめの中でも一番イヤだったのが、**靴のソールを減らされるいじめ**。

泉　ソールを減らされる？　なんじゃそれ。

田中　一人の子に羽交《はが》い締めにされて、別のヤツがママチャリ（自転車）のスタンド立ててグワーッて思い切り漕《こ》ぐの。そしたらすごい勢いで自転車の後輪が回るわけ。そこに僕の靴の前のソールの部分だけをタイヤにあてて減らされるっていうイジメ。

泉　**なんか独特やなぁ**。それがなんで一番イヤなん？

田中　母親から「何回も、何回も靴底が減ってどういうことなん？」「靴、何足替えるの！」

って言われて「あ、これでバレるんちゃうか」って思うのよ。

泉　そんな何足も靴替えるほどやられてたん？　それは、親も「おかしい」ってなるわな。

田中　ある日、「てっちゃん！　なんで毎回、こんなにすぐに靴底が減るの」って言われたんよ。

泉　あ、とうとうその日がやって来たんや。

田中　「いや、お母さんそれは……それは……」って、もじもじしながら言い訳を考えてたら、お母さんもイライラしたんかなぁ「なんでなの！」って、ちょっとキツめに問いただされたんよ。そのとき、僕、隠したい一心でテンパって、こういうキャラクターなもんで**「お母さんごめん。つま先で歩いてるんや」**って。

泉　つま先で歩いてる！　ようそんな理由考えたな。バレバレやん。

田中　そしたらお母さんが何か半べそした顔で「てっちゃん、何を言ってんの」「てっちゃん、いい加減にしなさい、てっちゃん！」って。

泉　まぁ、そうなるわな。

田中　そう言われたときに、心のどこかで「ああ、助かる」とも思った自分がいて「いじめにあってるなんて言いたくない、でも言わんでもわかってくれたんか」っていう気持ちもあったのよ。

泉　言いたくないけど、どこかで気づいてほしいって裏腹《うらはら》な気持ちな。わかる気がする。

田中　そしたら、母親が「てっちゃん！」って言ってきたから「お母さん！」って僕も言って、ドラマのワンシーンみたいなね。

泉　すべてを知った母親と二人で涙ながらに抱き合う、ええシーンや！　そんで母親はなんて言ってくれたの？

田中　**「かかとはつけて歩きなさい」**って……。

泉　お母さん！　いやカズコ!!

田中　もうハアーッてなったよ。ビックリしたよね。今になったら笑い話になるけど、当時中学生の僕の心に、そんなキャパはなかった。「もうダメや。助けてもらえへん。もうこのまま僕はこの人生ずっと過ごすんや」って思った。

泉　母親がどっかでわかってくれると思ってたんやもんな。

田中　だから「ひとりぼっちや、どうしよう、ど

なぜか先生のとなりにいる田中。その頃から小さい

うしよう」ってパニックやったと思う。それである日。その日も「どうしよう、どうしよう」ってなってたんやけど、ふっと思った。「ああ、もう学校行っても楽しくないし、この世においてもつまらんのちゃうか」と。

泉　ああ、そっちに行ったか、追い詰められたなぁ……。

田中　飛び降りとか電車に……、とかいろいろ考えたんよ。正直ね、死ぬことも怖かったし、自殺っていうのも考えながら、ものすごい怖かった。でも痛くなくて、ゆっくり死ねる方法は何かないかなとか……。

泉　死にたいと思っただけじゃなく、その先に行ったの？

田中　当時、父親と母親は必ず日曜日の朝にスーパーに行くのが習慣だったんだけど、その日の朝は、これは死ぬチャンスかなと思ってしまった。「死ぬためには息を止めたりとかするんやろうか、どうしたらいいやろう」って中学生なりに考えた。それで、これちょっと1回どこまでいけるかわからんけど試してみようと。ビニール袋、ゴミ袋を細くして絞めたら死なんかな、と思って。自分で締めて耐えられないようなら部屋のどこかかけてとか。ほら、何か釣《つ》り竿《ざお》が出てるようなところあるやん。

泉　釣り竿って。

田中　上のどっか出てるところに。

泉　**釣り竿にぶら下がったら釣り竿が折れるやろ**。まぁ、ええわ。

田中　名前はわからんけど、金具かなにかそういうところにぶら下がって死のうと思った。

死を思いとどまらせたのは失恋ソング

田中　それで実際に、自分の首にビニール袋を回してクゥって絞めたんよ。「ちょっと苦しいなぁ」と思った瞬間やったと思うわ、母親がたまたま消し忘れたテレビから『♪元気を出してもう泣かないで、私がずっとそばにいるから～』っていう曲が流れてきた。忘れもしない朝の9時。その音楽がはっきり聞こえたとき「あれっ⁉　誰か何か止めた？」みたいな感覚になったんよ。

泉　九死に一生を得る、ってヤツや。

田中　そう、まさにそうやった。「何コレ？」と思ってテレビの置かれた部屋まで行って、結局死なずに済んだ。

泉　命を救った曲や。なんていう曲？

田中　漫画家の高橋留美子さんの『らんま1／2』っていうアニメの主題歌で、瀬能《せのう》あづささんの『もう泣かないで』っていう曲やった。その曲によくわからんけど、急に勇気づけられて「なんか応援してくれてるんや」と勝手に思い込んだんやろうな。お小遣いを貯めてた陶器の貯金箱をそれこそ漫画みたいにバーンってかち割って、お金つかんでCDを買いに走った。それから毎日、その曲を聴くようになって、いじめられるのをなんとか耐えてたわ。

泉　ああ、ライブで聴いたわ、その曲。某局のチャリティ番組で毎年かかるZARDさんの『負けないで』みたいな応援歌と思ったら、違ったよな。めっちゃええ曲なんやろうなと思ってたら、めっちゃポップやったから「まじかこれ?」って（笑）。

田中　今だから笑える話やけど、**失恋ソング**（笑）。

泉　そうやなぁ。励ましの応援歌じゃなかったなぁ。

田中　中学時代の僕には内容がわかんないから。

泉　そこは気づきましょうよ（笑）。

田中　今でこそ笑えるけど、自分が天然で助かったわ。アニメの主題歌やで。よう考えてみたら、**失恋ソングで死を回避したなんてダサい**けど『♪元気を出してもう泣かないで、私がずっとそばにいるから〜』って、どうしようもなかった僕に言ってくれて、死ぬのを止めてくれたからいいの！　**僕にとっては神曲！**

泉　まぁ、命を救ってくれたんやから、なんでもええわな。それで命の危機は脱したけど、結局、いじめはどうなったの？

田中　その曲のおかげで最悪の事態は乗り越えたけど、いじめからは救われなかった。その曲を聴いたからって、別にイジメはやむわけはない。やっぱり殴る蹴るは毎日続いた。

泉　じゃぁ、そのままやられっぱなしなの？

田中　でも、変化があった。この曲で励まされたときに「ああ、もうちょっと頑張ろう」と思いながらも、やっぱり「もう、どうしよう」という気持ちも強かった。そのとき、これもまた偶然だったんだけど、何気なくテレビをつけたらスポーツニュースで**プロレスラーの大仁田厚**《おおにたあつし》**さんのニュース**を見たんよ。

泉　ＦＭＷのデスマッチで有名になった頃の大仁田さんね。

田中　中学生の僕からするとプロレスラーって最強ってイメージがあったんやけど、そのニュースは大仁田さんが試合に負けた映像やった。悪役レスラーたちにボコボコにやられて血だらけにされて。そこで大仁田さんが「俺は負けたんじゃ！　次があるんじゃ！」って叫んでる。悪役にチョップを食らって、強い男が、ヒーローが「おお〜、痛い」って叫んで、結果、負けてる。当時の僕にとっては**「負けてるのに『次があるんじゃ〜』ってどういうことなん?」**とも思ったし、ショッキングな映像やった。

泉　デスマッチやからルールないし、流血もあるしな。

田中　それもそうやけど、一番ショッキングだったのが、プロレスラーっていう**最強の男が簡単に弱音を吐く**ってこと。負けたのに常に次がある、次があると繰り返す。偶然見た大仁田厚さんの映像で、**自分の中で小さな革命が起きたん**よ。『もう泣かないで』って曲でちょっと励まされていた頃でもあったし。

泉　それで何かしたん?

田中　まずは、体を鍛えてみようという気持ちになった。大仁田さんの魅力にも引っ張られて、そこからプロレスが大好きになって、1日に腕立て伏せ30回やるようになったし、いろんなプ

炎のカリスマ大仁田厚(写真左)の試合を観に行っていた

ロレスを観て体を鍛えることを学んでいた。

泉　強くなろうと思ったわけや。

田中　でも、やっぱり向こうは四人、五人でくるわけだから到底勝てない。毎回ボコボコ。そして、もうどうしても我慢ができなくなった日、こいつ殺《や》ったろかと思うくらいの日があった。

泉　物騒《ぶっそう》やな。死ぬのも殺すのもあかんけど、我慢してたコップの水があふれたんや。

田中　もう、5対1で1回戦ったろうと決心した。プロレスもちょっと学んだし「もうやってやる！」って。

泉　うん、うん、それで。

田中　あれは中3やったと思う。その日も陸上部の部室の裏に呼ばれて「おーい」っていつものように、壁を背に肩をこづかれそうになった。でも、今でもようわからんけど、ブチンって頭の中で何か音がしたような気がして、その瞬間「オラァー！」って叫んで、一番下っ端で僕に一番ひどいいじめをしてたヤツを思いっきり、ぶん殴った。**生まれて初めて人を殴った瞬間やった**。最初で、最後やったけど。そしたら一発だけやったのに、そいつにクリーンヒット！

泉　お、とうとうやり返したんや。

田中　だけどその一発当たったら、五人おるから「おまえなめてんな！」「調子のんな！」ってボコボコにやられたんやけどな（苦笑）。もしかしたら、それまでの中で一番ひどい殴る蹴るを受けたかもしれない。

泉　えっ一発だけで終わり？

田中　もうムリやった。**でも、心の中がスッキリしたのを覚えてる。**今まで何もできなかった自分が、いじめるヤツらに立ち向かって、やり返したことで「よっしゃ、気持ちええ」って思った。

泉　中1からためとったもんなぁ。

田中　あのときの快感は今でも忘れられへん。めちゃくちゃよかった。

泉　アカンよ。暴力は、今なら捕まります。

田中　もちろん、殴ったりとか蹴ったり人を傷つけるっていうのは、アカンって思ってるし、もう絶対しない。でもその**当時の僕には、もうそれしか残ってなかったん**よ。

いじめ克服のきっかけは些細なもの

泉　死ぬのをやめたり、気持ちに変化をもたらしたんが、たまたま見たテレビがきっかけっていうのもなんやな。

田中　ほんとに些細《ささい》なことなんだと思う。いじめも些細なことからはじまるんやろうけど、立ち直るきっかけも些細なこと。そんなにすごいエピソードがあって、みんな立ち直るわけじゃない。僕なんか、瀬能あづささんとも大仁田厚さんとも直接会ったり、会話をしてるわけでもない。でも、ちょっと**自分の何かに引っかかるものを見つけられたら**、それがきっかけになるんだと思う。芸人の兄さんの中にも、昔いじめにあった人がいて、その人たちに話を聞いてもやっぱり、ちょっとしたことがキッカケやったって言ってた。

泉　精神的にはキツイもんなぁ。

田中　もちろんキツかった。当時は、ドラゴンボールで願い事がひとつ叶《かな》うんだったら、いじめてるヤツらの中で誰を殺したらいいとか、ピストルがあったら誰を殺《あや》めることができるんや、とか、ほんと……、今、思うと怖いぐらいの精神状態。

泉　なんて後ろ向きな。

田中　とにかく中学時代は、毎日がイヤで、イヤで精神状態がおかしかったんよ。自宅に逃げ込むんやけど、陸上部のメンバーに張られたから、逃げる場所がなかった。家におられへんから自転車で出かけて、とりあえず四日市の街中とか、いろんなところをずっと移動して逃げ回ってた。親にバレたくないし、カッコ悪いし。

泉　親にバレたくない気持ちはわからんでもないが、そこまでの精神状態やのに、やっぱりバレるのは……。

田中　イヤやった。とにかくカッコ悪いと思ってた。精神状態のことをさらに言うと、ちょうど愛知県西尾市のOくんが遺書を残して自殺したニュースがさかんに報道されてた頃やったと思う。1994年かな。

泉　あれはひどかった。暴力もそうやし、100万円以上の金品も加害者に渡して、結局、お金の工面がもうできないって追い詰められて自殺した事件。中学生2年、13歳の子やったな。

田中　ニュースやワイドショーでそういうのを見ちゃうと「ああ、いじめで悩んでる子は死ぬんや、死なななあかんのかな」って、そういう心理になるんよ。

泉　ああ、そうなるんや。

田中　やっぱり助けてほしいとか思うよ。でも、そうするといじめを認めることになるわけやん。例えば、いじめにあってる子によく言うのが**「環境を変えたら」**って言葉。

泉　よく聞く、よく聞く。

田中　「環境を変えてもいいよ」「今の学校行かなくていいよ」って言われるんだけど、僕らいじめられっ子からすると「いやいや、いじめられてるって、認めたくないし」「もし環境変えたところで、また次のところでいじめがあったらどうするの？」っていう気持ちになるんよ。何がしたいって聞かれたら、普通に過ごしたい。

なかには強く勧める人もいて「こうしたほうがええよ」「でも君がイヤだったり、意見があればそっちを優先していいよ」って。もし両親や先生、仲のいい友だちも一緒やったら、別の学校に逃げてみようかと思う可能性もあるけど、そういうわけにはいかない。何より全部任せられて、自分で考えさせられる。**精神状態がぐちゃぐちゃなのに自分で考えるなんてムリ**やし、苦痛でしかない。だから今の学校のまま、環境を変えないままという子も多いんじゃないかと思ったりする。最悪の場合は「結局、こんなにつらいんやったら、命なんていらんのじゃないのかな」と考えてしまっても不思議じゃない。実行に移すかどうかは別としても、その一歩手前の精神状態の子たちはいっぱいいると思う。

泉　いじめにあう前の自分じゃなくなってるし、考えるってこと自体できる精神状態でもないかもしれないな。

田中　ただ先生にいじめっ子が叱られているときは、なんにしろ快感やったわ。

泉　なんやそれ。**性格悪いな**。

田中　いやほんとそうよ。ざまあみろと思ってたけど、声に出して「ざまあみろ」なんて言えないから、クスクス笑ってるぐらいで。

泉　笑ってるやん。

田中　いや家で。家で。

泉　家でね。**やっぱり性格悪いなぁ**。

田中　ほんと、そういう心理に陥っていくんですよ。

泉　最初、いじめっ子らの中には大義名分があったわけやん。「田中、部活にちゃんと来ないから、ちょっとヤキを入れてやろうか」みたいな。そして改心してちゃんと真面目になれば「俺らが改心させた」ぐらいの気持ちでやったんやろな。

田中　たぶん、そうだと思う。

泉　それがだんだん目的がズレていって、自分らの憂さ晴《ば》らし、楽しみになってきていた。しかも五人のそのうちの一番下っ端のヤツ、てっちゃんにしつこくつきまとってきたヤツは、たぶんやけど、いじめっ子のグループの中で、いじめられてるというかイヤな思いもしてきたんかもしらんな。その子にとっては、自分よりも下に見えたてっちゃんをいじめることで、憂さを晴らしていくっていうような構図か……。

田中　今でも許せないし、いじめっ子たちの気持ちも理解したくないけど、その構図というか状況は今なら少しわかるな。

田中、過去の自分を知らない高校でイキりだす！

田中　3年間、ずっといじめられてきたから、中学の卒業は何よりもうれしかった。やっと逃げ切れるって。高校はどこ行くかって考えたとき、まず最初に思い浮かんだのがプールのない学校。

泉　**高校を選ぶのにプールのあるなし？……変わってるなぁ。**

田中　僕、泳がれへん。プールのある学校に行くと、もちろん授業もあるやん。そしたら、泳がれへんことで、またいじめにあうかもしれんから……。あともうひとつ、自分のことを知らない子ばかりの高校がいい、って気持ちがものすごく強かった。

泉　要するに、同級生がいっぱい行ってるところじゃなくて、自分のことを知らないところに環境を置き換えたかったってことや。

田中　そう。たまたま自宅から10キロ先にある高校はスポーツの行事もマラソンしかなくって、プールもない。一応、僕の中学校から他クラスの子で三人だけその高校に行った。高校に入学したら、中学時代のいじめのことは隠そうと思ってたから、その三人は中学時代、そんなに一緒になったこともなければ、しゃべったこともない三人だったんで……。「これはもう、うってつけやな」と思って。

泉　これなら隠せると。**それ以前に入れてもらえる学校がなかった**んちゃうんか。

田中　あ、それもあった。

泉　ずいぶん言うてるけど。

田中　公立のほかに私立で頭のよくない高校を受けた。私立A高校っていうのが結構よくて、そこに受かってたら、ワンランクいい高校に行けたんやけど、これが見事にきれいにスベって。

泉　なんやねん、この低レベルのワンランク上とか。

田中　私立を受けたのは、お母さんが……。

泉　**カズコはやめてくださいよ**。

田中　個人情報を出すなって！　近所に僕が入学した公立高校に通っていた先輩がいて、中1の頃にお母さんから「あそこの高校に行ったら町内でも噂《うわさ》になるから、てっちゃんは絶対に行かんといてね」ってずっと言われてたんよ。で、お母さんが「行かんといて」と言ってた高校にしっかり入学させていただきました。

泉　言われた2年後にそこへ通ってる。レベル的には三重県で下から2番目やろ。

田中　当時はそうやったかな。でも、一番下じゃないから。入学してからは、「クラスのちょっと悪い、やんちゃな子たちのグループの下っ端になる！」って。

泉　なんじゃ、それは。

田中　今はもう様子が変わったので、そんなことぜんぜんないんだけど、僕が入学した当時のその高校は、頭が悪い子かやんちゃな子しかいないんよ。

泉　**究極の二極な**。わかるけど、中学時代にめっちゃいじめられてたやん。そんなヤツらにまたいじめられたらどうするん。

田中　いや**「下っ端におったら、絶対いじめられへん」**と思った。喧嘩《けんか》はぜんぜん強くなかったんで……。

泉　ああー。

田中　『ビー・バップ・ハイスクール』じゃないけど、ああいう不良たちが主役の漫画やドラマをずっと見てたんで、強いヤツらの下におったら、彼らが守ってくれるんじゃないか……そういう今考えればちょっとズルい意識があって……。

泉　広いなぁ……。確か熱血教師が主人公の『金八先生』も大好きやろ、もう一方ではバリバリの不良が主人公の『ビー・バップ・ハイスクール』って。

田中　中学校卒業したときに、プロレスに夢中になって体を鍛えていたこともあって、高校では中学時代の僕を誰も知らないんで、ちょっと自分もやんちゃになろうと思ったの。

泉　ああ、ボンタンはいて、短ラン着てな。

田中　違う違う！　校則で髪型のツーブロックは禁止なので、ツーブロックの手前のツーブロックよりちょっと段差の浅い中途半端な髪型にしたり、茶髪にするのは怖いので、ほんの少し光を通したら茶髪に見えるぐらいめっちゃ薄く染めたり……。

泉　**かわいいな。**

田中　そう言わんと。ちょっとイキったというのか、中学時代とはまるっきり違うというわけではないけど、ちょっと違う自分で入学したかったんよ。それでいわゆるヤンキーの下っ端についたという感じ。詰襟《つめえり》の学生服なんやけど、白のカラーをつけとかなきゃいけない校則があってんけど、学校の外に出るときだけはカラーをはずすとか。

泉　**しょぼすぎ！**

田中　いや、ほんとに、そんなことしかできなかったんよ（笑）。

泉　**ぜんぜん悪さが伝わってこうへん**。例えば、本当に剃《そ》り込み入れるとか。

田中　いやいや、それはないない！　本当にやんちゃな子でも、ロン毛か短髪で髪の毛をタレントの勝俣さんみたいに上にあげるのが流行ってた時代。ロン毛の場合は、学校でハサミとかで切られることもままあった時代だったんで……。ロン毛は全部カットされるので、やんちゃな子たちも全部上にあげてたと思う。

泉　なんや、アイパーとかおらへんの？

田中　いない、いない。僕らの時代は腰パンとか。

泉　だって『ビー・バップ・ハイスクール』やろ？　加藤ヒロシとか、そんなんやろ。

田中　中間トオルと。

泉　中間トオルはリーゼント！　**今の子ら、このくだり絶対わからん**やろな。

田中　はは（笑）。自転車とかもカマキリっていって、ハンドルをちょっと上にあげるのが流行ってた時代。

泉　**それはヤンキーじゃない**ですよね。それはなんなん？　自分がなめられたくないいん？

田中　そう。

泉　ちょっとヤンキー風を気取ってたてっちゃんに聞きたいんやけど、学校から帰るときにカラーをはずす理由は何？

田中 カラーは学校ではつけとかないと絶対ダメなんよ。当時、生活指導教諭だったのが、柔道部とラグビー部の顧問。その二人がめちゃくちゃ怖くて、カラーをつけてないと半端ない指導をされるんで、とりあえず、学校ではつけてた。

泉 俺らはぜんぜん取ってたで。俺、短ランみたいなのを着てたから。

田中 いや、僕はヤンキーじゃないから！

泉 **俺も優等生よ**。

田中 えー（笑）、でも、僕はちょっとイキっただけ。

泉 それがかわいいよね。やっぱり、キッツい先生がおるから学校ではきっちり。

田中 きっちりつけて。ホックもしてた、ちゃんと！

泉 大体ヤンキーの人って、もうそんなん言われること覚悟のうえで、ダボダボのボンタンはいて、普通に行くやん。

田中 そうそう。僕が接してたグループの上の人たちはそういうのやってたよね、きっと。

泉 そこはしようとはしなかったわけ？

田中 そんなん、絶対イヤや！　そこまでは絶対イヤや！

泉　**わからん！**　逆にカラーをはずして、帰り道、例えばバス停とか、駅とか、他校がおって喧嘩《けんか》を売ってくるとか、そんなんなるから、ナメられたないから、そういうカッコウしてたとかいうんやったらわかる。でも、てっちゃんたちのカラーをはずすいうのはなんなん？　なんのため？　学校では怖い先生がおるからカラーをつけてたのはわかったけど。

田中　まぁ、一応ね。パシリで友だちではないけど、やんちゃな子たちと一緒に帰るときに、そいつらもはずしてるから、僕も一緒になって……。

泉　あ〜、みんなで一緒にってか。**みんなかわいいやん**。

田中　仲間意識よ。つけてるの見つけたら「なんでつけとんの？」ってなるから。僕は、ただただ、そのグループの人たちに……ついていきたくて取ってただけやから。

泉　「俺もはずしてるんやから」って言ってその子の子分が。おまえもはずせって。

田中　うん。そう。

泉　連鎖や。

田中　連鎖だから、別に喧嘩をやりたいわけじゃない。ただ、ちょっと「校則違反する俺ってカッコいい！」っていうのもあったよね。どっかで。

泉　いや、それなら学校でしたらええやんか。

田中　先生がめっちゃ怖かったんやもん。

泉　ほんなら、もうずっとはずさんかったから、よかったのに、一日。

田中　そやから、外ではイキってたっていう感じ。

泉　それでちゃんとカラーは持って帰るんやろ？

田中　カバンの中に……。

泉　はずせと言われたらはずして、カバンの中に入れて、それでまた次の朝につけて。家に入るときにまたカラーをつけて。

田中　そうそう。ズボンも……。

泉　女子高生やな。「ルーズソックスは外ではくんだ！」ってのはあったけど。**公衆トイレで着替えているのと変わらへん**やん。なんでそんなに先生が怖いの？

田中　その生活指導のラグビー部の顧問が、筋肉ムキムキで強くて、めちゃくちゃ怖くて有名な先生だった。その山田先生（仮名）の体育の授業中に校舎の上から、他の生徒が「おい！山田！　ボケ～、アホ～」って言った。そしたら僕らの体育の授業に山田先生（仮名）が乱入してきて「さっきの授業で俺にアホバカって言ったヤツがいる。俺はそれが前に出てくるまで授業をせん！」と言い出した。そしたら本当に1時間、誰も前に出ていかなかったら「おまえ

ら、いい加減にしろ！　出てきたら俺は絶対怒らんから」と言ってたのに……、

泉　出て行ったら怒られた？

田中　「えーっ！」ってぐらいに……。**詳しくは自主規制**ということで。

泉　なんかそのオチがわかってもうたわ。

田中　それを見て……。

泉　本で書いてええんか。

田中　あかんかな……。もう一人の柔道の先生も、結構やんちゃしたら……。

泉　まだヒントを出すの。

田中　柔道技かけられる……。

泉　ここも自主規制やな。

田中　体育の授業で騒いでいるとヤンキーはみんなやられてたんで、そういうの見てると怖くて。僕は力は弱いし。で、おとなしい子をちょっと馬鹿にするみたいな程度のイキり方で……。

泉　**ずいぶんタチ悪い**。

田中　性格は悪かった。認めます。

泉　おとなしい子だけ馬鹿にするっていうのはアカンなあ。馬鹿にしたらアカンやん、それ

は。いじめられたこともあるのに、なんでなん？

田中　強くなりたかったんよ。自分が中学時代に下の世界、いじめられる世界を見てきたんで、そこへ戻るのがイヤだった。

泉　**下見ないで、上を見なさい**。

田中　だから上に対抗する力はないし、自分の力量はわかってたから、当時もう（笑）。

泉　そのヤンキーのところで下っ端からはじまるやんか。ちょい上とか、てっぺんまで行かんくっても「自分のランク上げよかな」とか、そのグループの中で思わんかったん？

田中　そんなんは、思わへんかった。下っ端で、とにかく無難に自分がいじめにあわんかったらいいって、それだけ。

泉　それで自分より弱いヤツが来たら、めっちゃ偉そうになる。

田中　そう。めっちゃ偉そうにしてたと思う。「邪魔《じゃま》だな、おまえ」とかずっと言ってたような気がする。

泉　それでちょい上の人が来たらなんて言うの？

田中　**「パシリ行くよ。何を買ってきたらいい？」**って。

泉　てっちゃん、話聞いてると、めっちゃオモロいよ。**クズ中のクズ**やな。こんなん本にしていいんか⁉　「先生の名前は言えませんからピー（自主規制）ということでね。山田（仮名）っていう人なんですけど」ってもうすでに言ってるし。上にコビ売って、下に強く出るって、てっちゃん。もう1回言います。**クズの中のクズ**やな。

自業自得で友だちとのコミュニケーションを遮断

泉　高校は結局、下っ端のクズで卒業したの？

田中　誰が下っ端のクズや⁉　それが高校1年の後期、2学期終わりか、3学期頭ぐらいに、その僕が下っ端でついてたクラスのやんちゃなグループがスーパーで集団万引きして停学、退学になって。それでクラスのグループメンバーがたぶん学校を辞めたと思う。

泉　万引きで。それは仕方ない。犯罪やからな。その万引きの中にあなたは入ってなかったの？

田中　僕は断わったんですよ。その日「ちょっと行くぞ」って言われたときに、たまたま「用事がある」って断わった。後で、その日に某スーパーで、めっちゃ万引きしたヤツがいるって聞いて……。

泉　そうなん。

田中　それで結局、みんな中退しちゃって残っている子ってのが、僕がバカにしていた子と女の子だけになっちゃって（笑）。

泉　じゃあ強い人たちは、みんな……。

田中　**ほぼほぼ辞《や》めた**。

泉　そのときに、きれいにいなくなっちゃったの？

田中　万引きの件もあったけど、その他にも学力がついていけないとか、他にもやんちゃしたとか、いろんな理由で辞めていなくなっちゃった。

泉　そのグループは、ちょいちょい万引きしてたん？

田中　……と思う、今となっては。でも、**僕は1回も万引きしたことはない！**

泉　誘われたときどうしたん？

田中　「1回来いよ」って言われたことがあって**「いやいや、すいません、すいません。それは怖いんでムリです」**と言って断わった。

泉　「ちょっとやんちゃになろうかな」って人が「それは怖いからムリです」ってはっきり断わるって、**そこは理性がすごい効く**んやなあ。

田中　それは真面目というか、怖いの、怒られるのが（笑）。大人に怒られるのがイヤなの。

泉　まぁ、強くなろうとか喧嘩をしようとしてヤンキーやってるわけじゃなく、ただただ自分の存在を隠すためやからなぁ……。

田中　そう。

泉　「万引きしてるおまえのほうがだらしねぇよ」って言わんかったん？

田中　そんなん言えるわけないやん！

泉　**コバンザメのように生きてたんや**。

田中　マジでコバンザメやもん。ほんとに。

泉　でもその大きい魚がさぁ、いなくなるわけでしょう。てっちゃんのグループの人たちが。そこからどうしたの。

田中　万引き事件の後、すぐに高2になって、進学クラスと就職クラスに分かれるんよ。お母さんが「とりあえず進学コースに行きなさい」って言うんで、進学コースに行ったんよ。

泉　おまえのおかん、すごい勇気あるな（笑）。てっちゃんの頭で入れる大学なんてひとつもあるわけないやん。それでもまた**「ウン」って言うてるおまえがすごい**わ。

田中　いやいや、大学は考えてなかったけど就職はまだやな、とりあえず専門学校かどっかかなぁ……と思っていた。だけど僕は1年生のときにイキってたんで、進学クラスになった子たちに無視されてたから、ひとりぼっちやった……。

泉　イキったって（笑）。それで、どうなったの？

田中　結局そこまでみんなと打ちとけるっていうか、遊びに行くこともなく、まぁクラスではちょいちょいしゃべるぐらいで。

泉　そのときはまだちょい悪はまだちょい悪なん？　学校が終わったらカラーはずしたり。

田中　それはずっとはずしてた。

泉　それは、変わらない。

田中　一応何か、イキった感は残して。

泉　それは残したんや（笑）。2年になっても。

田中　ただ**友だちがおらんから、困ると図書室に行ってた**（笑）。

泉　真面目やな。

田中　違うんよ。図書室に行くと数学の先生でおもしろい先生がいて、話し相手をしてくれるんよ（笑）。その先生もちょっとイジってもいい雰囲気を出してくれてて「先生何、モテとんの！」「誰と付き合っとんの？」とか、そんなんを言っても許してくれて、先生からも軽く返してくれる、そんな人やった。

泉　勉強しに行くとかそういうことではなかったということですな。進学クラスやから、図書室で勉強するようになったフリかなと思ったら……。

田中　ぜんぜん！

泉　成績は上がらず？

田中　上がらず。

泉　1と2？

田中　違う違う!!　高校は僕の中では、よかったほうで。

泉　どのくらいよかったん？

田中　3！

泉　頑張ったなぁ（笑）。まぁ、その先生が唯一の友だちということで。それでも、どうして図書室に？

田中　高2になっても、僕たちのグループ以外のやんちゃなヤツもまだ残ってたのもあるし、クラスにいても、また何か言われるのもイヤやなぁ……と。馬鹿にされたりとか、またするんじゃないかという不安もあって、そこから図書室に行くようになった。

泉　人から離れようとしたん？

田中　人とのコミュニケーションを遮断《しゃだん》しようと思ってた。

泉　遮断しようとして、図書室で結構ふんだんにしゃべってんねんけど……。

田中　ああ、同級生とはコミュニケーションしたくなかった。やんちゃな人たちが高校辞めるまで、僕も同級生に相当イキってたから。

泉　どんなことしてたの？

田中　基本的に口で強く言う感じ。手を出すってことなかった。例えば、フケや皮膚かなぁ、なんか白いのがよく制服の肩とかに落ちてる子がいたんやけど、それを見ると「汚ねえなぁ」とか「髪ちゃんと洗ってこいよ！」とか「服、洗濯してんの？」とか、なんかそういう、人がイヤがることをずっと言ってた。

今さらの言い訳やけど、たぶんそれで自我を保ってるというか……。僕も背が低かったんで「チビ」ってよく言われたこともあって、逆に**人を馬鹿にすることによって自分が上に立ててると錯覚してた**。だから、後悔したんやろうな……。自分がいじめられたことがあるのに、自分がイヤなことをされてわかっているにもかかわらず、高校に入って今度は自分がイヤなことをしていじめたら、仲間外れにまたなったという。自分はいじめられていたことを隠すために、周囲の子にイヤなことをしちゃって、それが結局、自分をひとりぼっちにさせたんだと……。だから、高2の頃は他の人としゃべるのをやめよう、なんかしゃべっても「どうせまた仲間外れになるんやろな」っていう気持ちが強かった。

泉　でも、極端にハブにされたわけではないんやろ。

田中　ぜんぜん、しゃべるんやけどね。なんていうんかなぁ、うわべでは普通だけど、気持ち的には僕のことをはずしたいんやろうな、みたいな。それがわかってたから、たまらなく気持ちが張り裂けそうで、当時「ああ、もうアカンわ」と思った。「授業、次何？　じゃああっちの授業ね」って教室を教えてくれたり、ちょっとした普通の会話はしてくれるんよ。でも、友だちとしての会話はまったくなかった。だから**楽しい話とかした記憶がない**。何かうわべやったと思う。修学旅行や自然教室での班分けとか、ほんとに誰も組んでくれない。行事だけでなく、普通の学校生活の中での班決め、チーム決め、ワークで二人になるとかするときに、とにかく最後まで残る。

泉　でも正直言って、今回の高校に関しては自分がやったから、そういう結果になってるんやんな？

田中　もちろんわかってる。**「しまった」って思ってた**。自分の中では、やんちゃになって中学時代のいじめにあったことを隠すのと同時にまたいじめにあうのを避けることが正解だと思ってたのに、結局また一人になったやんていう……。どんだけ一人に戻ってくるんや！　みたいな（苦笑）。高校時代の仲間外れのときのあの精神状態は、もしかすると**中学時代に殴られていたときよりも、キツかった**かもしれへん。

泉　理由がいまいちわからんまま、いじめられているのは擁護《ようご》できるけど、自分が悪いことをして、いじめられるというか仲間外れにされるっていうのは、自業自得やし、つらいな。

田中　つらい。そうやね、高2は自業自得の時期やな。

泉　**結果ダサいな自分**。

田中　いや、ほんとにダサくて悲しかった（苦笑）。

泉、高校野球での大会珍記録を達成

田中　イズさんはどんな高校生やったん？

泉　俺はずっと野球してましたね。

田中　そうだよね。高校球児やもんな。

泉　野球をしてたんやけど、学校がちょっと荒れてた時代で、昔『スクール・ウォーズ』っていうドラマがあったと思うんやけど、本当にそんな感じ。ドラマの中で廊下をバイクで走るシーンもあったけど、リアルにそうやった。だから校舎の窓からは、運動場とか景色が見えるのが普通やけど、**うちの高校は上から椅子とか降ってきた**。それも授業中に（笑）。それぐらいむちゃくちゃ荒れてた感じやね。だから、高校生の写真とか野球部やから坊主は坊主ですけど、ボンタンはいてるし、短ランやし、みんなそうやったから、誰もカラーなんてつけてなかったから（笑）。

田中　「カラーなんて」なんや（笑）。

泉　学校の先生はもちろん何か言ってくるけど、先生と生徒がなんかいつももめてる感じ。だから野球部っていうのは、いかつい子らがおったから、先生が「おい、野球部、おまえらなんとかしろ。そんなんやったら大会出れへんぞ」と。「関係ないやん、こっちは」って思うんやけど、なんかそんなガチャガチャした高校生活やったなぁ。でも高校3年間は野球に全力投球してたけど、一般的な高校生としてはどうかなぁ。まぁ、学校に酒を持ってきてるヤツもおるし、便所ではタバコを吸うてるし……。俺も今と比べれば、もうほんまにちょっと、アカン子やったから。こんなん絶対にアカンのやけど、もう時効やと思うから言うけど、**小学校の6**

年でタバコを吸ってた。
田中　それは確かにアカン！
泉　そしたら**小6で肺炎になってもうて……**。病院の先生がレントゲン診《み》たときに「タバコ吸ってるんちゃうか？」っていう話になって「いや、吸ってない」って言ったら**「医者なめんなよ！　診たらわかるんだよ」**って。その後、即入院や。
田中　ええ!?
泉　病院の先生に「君は人より気管支が狭いんだから、この先もタバコ吸ってたら、人生終わるぞ！」って。当時、兄貴がずっと野球してたから、親父《おやじ》に「兄貴みたいに野球やれや」って言われて、中学校ぐらいから野球をはじめた感じやね。中学校では、そこそこ成績を残せたから「野球ってオモロい」ってなった。
　だから、その入院からこの年になるまでタバコを一切吸うてない。芸人さんが健康のためにタバコをやめたって話をよく聞くし、俺もこんな風体やから「最近まで吸うてたやろ」「歳とってからやめたん？」って言われるんやけど、俺、そのトラウマがあって小6でやめたんよ、さすがにみんなに言われへんかったけどな。
田中　**中学前にはやめたって！**

泉　とにかく野球してた頃は、楽しかった記憶しかないわ。

田中　その後も野球続けたんよね。

泉　絵がちょっと得意だったんで、就職するか芸術大学行くかどっちかって親に相談したら、親はそんな金がないっていう。それやったら野球ができるところで就職するってなった。その高校の野球部は大学進学するか、ちゃんとしたところに就職するかの二択やったんよ。**むっちゃガラ悪い学校ですごく荒れているのに、野球部だけが優秀。**それで野球したかったから、野球を続けられるところに就職してみたいな感じやったな。

田中　なんで野球部だけそんなちゃんとしてたん？

泉　後輩の進路のためということもあったけど、もともと田舎の南伊勢っていう、当時は南勢高校。まあまあ野球は当時、強かったんよ。だからイチロー選手の母校としても有名な名古屋の愛工大名電とかの強豪校が、超田舎（当時）の俺の高校までバスに乗って練習試合に来ることもあ

ひとりボウズ頭の泉（写真中央）

ったぐらい。そこからだんだん弱なってきたけど、当時は野球部の伝統みたいなのがあって「やっぱり野球部はちゃんとしよ」って感じやったね。

田中 全体的にちょっとやんちゃな生徒がいっぱいいて……。

泉 **いや、もう完全にアウトロー**ですよ。

田中 写真を見せてもらったら、確かに映画に出てくるみたいな人たちばっかり(笑)。

泉 修学旅行に行って、長野かどっかのペンションでも、アホみたいにみんな暴れて、**次の年から出禁になりました**から。

田中 ビー・バップみたい！

泉 いやもう、リアルビー・バップですよ。でも、高校生活は楽しかったわ。

田中 いじめとかなかった？

泉 やっぱり小学校で自分がいじめにあってるから、自分より下のヤツは絶対いじめたらアカンって思ってる自分がどっかにあったんよ。野球やってても思ったんやけど、野球ってチームワークやん。やっぱりそういうところでいろいろ人間力っていうのが磨けたんかなという感じがするなぁ。まあ、めちゃくちゃな高校で、頭はアホでしたけど、それなりに甲子園を目標にしてたからな。

田中　ちなみに高3で、どのぐらいまで行ったん？

泉　最後の夏の大会は残念ですけど、県予選2回戦まで。1回戦コールド勝ちして、2回戦は延長戦までもつれこんだ。でも相手は、練習試合では、めちゃめちゃ勝ってた高校なんよ。その試合、途中で雨が降ってきて、中断があった。そのときになんかおかしくなった。**一番アカンのがモチベーションが続かんかった**。雨が降ってる間にダラダラとなってもうて、監督がめっちゃ怒ってた記憶があるね。

田中　イズさんは、最後の夏の大会で珍記録を出したんよね。

泉　**3打席連続スリーベース**な。それは1回戦でコールド勝ちしたとき。3本目は明らかにランニングホームランでホームに帰って来れたと思うんやけど、ダイヤモンドを3塁を回ってる手前でしんどくなってきて止まったんよ。そしたら監督がベンチから「おまえ真剣にやれやー！」って怒鳴る。当時、読売ジャイアンツにまだクロマティ選手がいた時代で**「おまえジャイアンツのクロマティかー！」**って怒られて「違いまーす」って。そんなシュールなやりとりが球場に響いた。結局、コールド勝ちしたんやけど、まぁ監督はみんなに怒ってたなぁ。試合終わって、球場を出ようとしたら、報道陣が来たから「なんのことかな？　何か悪いことでもしたんかな」ってビビった（笑）。そしたら「新記録を作ってますよ」と教えてくれた。3打席連続スリーベースを打ってるっていうのは知らんかったんよ。ええ球来たから、思いっきりフルスイングしてやっただけで。

田中　新聞に掲載されたんよね。

泉　されたなぁ。

田中　じゃぁ、高校時代は部活を楽しんでたんやね。

泉　とにかく野球、スポーツは楽しかった。だから就職しても野球やらせてもらえたし、ありがたいことに、吉本に入っても吉本の野球チームに参加できたんよ。吉本の社員さんと、芸人との間、特に新人の頃の芸人との間ではやっぱりすごい距離感があるやん。

田中　あるある。

泉　売れている芸人と社員さんは近いけど、そうでない芸人に対しては**「おまえら認めてほしいんやったら、ここまで上がってこいよ」**みたいな距離というか圧がある会社だったよね、当時。

田中　圧はあった、あった。

泉　それを手っ取り早く縮めるのは野球やった。それまでネタ出ししてもボコボコに言われたのが**「おい最近、何かネタがオモロなってきたな」**って変わった。

田中　わかりやすいなぁ（笑）。おい！

泉　簡単やな。「え⁉　同じネタしか見せてないねんけど」。そんなんやったなぁ。

田中　野球さまさまやね。

泉　やっぱり野球してるときって、仕事の話は一切しないし「おまえ、ええバッティングやったな」とか普通に野球の話をしてるだけなんよ。そういうところから、いつもやったらどっかで会ったときも「おはようございます」って言ったときに向こうも「おう」で終わりやん。でも、ここで野球を一緒にやってるだけで、もう一言、会話が続くようになる。「おまえのエラー、ひどかったなあ」みたいな一言、言うてもらったら話も続くし「こいつは野球やってる」っていうイメージが社員さんにつくんで、コミュニケーションの潤滑油《じゅんかつゆ》には確実になったと思うわ。

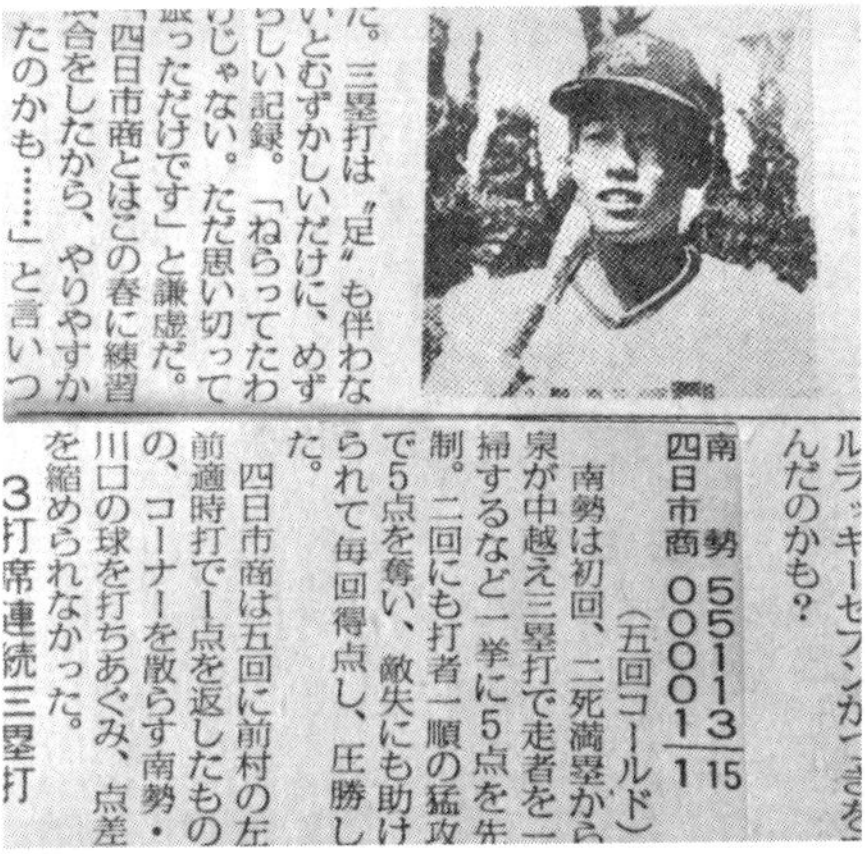

た。三塁打は"足"も伴わないとむずかしいだけに、めずらしい記録。「ねらってたわけじゃない。ただ思い切って振っただけです」と謙虚だ。「四日市商とはこの春に練習試合をしたから、やりやすかったのかも……」と言いつ

ルラッキーセブンか
んだのかも？

南　勢　55113　15
四日市商　00001　1
（五回コールド）

南勢は初回、二死満塁から泉が中越え三塁打で走者を一掃するなど一挙に5点を先制。二回にも打者一順の猛攻で5点を奪い、敵失にも助けられて毎回得点し、圧勝した。

四日市商は五回に前村の左前適時打で1点を返したものの、コーナーを散らす南勢・川口の球を打ちあぐみ、点差を縮められなかった。

3打席連続三塁打

泉の珍記録を伝える新聞記事

第3章

社会に出ても いじめはある

サラリーマンを経て芸人の道へ

田中 イズさんは昔から芸人になりたかったん？

泉 俺は根っから明るい人間やったんで、中学校で新喜劇みたいな舞台を自分で作ってやったことがあって、そのとき、ドカンとウケたから、それが**「こういう世界ってええな」**って思った瞬間やったと思う。周囲に「吉本行け！」みたいに言われたこともあったし。

田中 中学のときの舞台も自分で書いたの？

泉 簡単なヤツやけどな。登場の出オチも、普通に出てきたらおもしろくないから、何かに乗って出てくるとか中学生なりに考えたなぁ。東海地方は吉本の新喜劇が土曜日の昼間ずっと放送されてたこともあって、グループでの発表会やったから「新喜劇みたいなことしようぜ！」って。それでウケたっていうのはインパクト強かったと思うわ。

田中 高校時代に一緒にコンビを組むような人はおらんかったん？

泉 おったけど、みんな大学進学や就職したりするんで、俺も根が真面目だったんやろうな、迷惑かけたくないから、就職や進学するって言ったヤツをもうムリには誘えなかった。組みたい子はいたけど、まぁ、でもそいつは大学行くって言うてたし。大学に行くか就職かってなったときに「僕は吉本に行きます」って言った。そしたら当時の担任の先生に「野球部は、ちゃんと就職するか、大学に行くかや」って言われた。だから1回ちょっと自分の中で「吉本への道はもうなくなったんやな」と思った。まぁ、野球もしたかったんで「呉服屋さんで支援してくれるところがあるから、そこに行け」って言われて、そのまんま流されて名古屋で就職したんよ。あのとき、担任の先生が許してくれたら、そのまま俺は大阪の吉本に入ってたと思うわ。でも両親からは「吉本はアカン！」って言われてたけどな。

田中　イズさんはサラリーマンだったんだよね。

泉　野球だけは続けたかったから、野球のできる会社に就職したんよ。でも途中でヒジを壊して野球ができなくなってな。それで1年目の人事異動で、俺だけなんか知らんけど倉庫に飛ばされた。**言ってみれば左遷《させん》みたいなもん**やわな。「これって、なんかもう、辞めろっていうことかな？　なんか変な扱いされてるなぁ」と思った。でもまぁ、そのときに腐らんと頑張とったと思うわ。そしたら、これは後から聞いたんやけど「あいつ、おもしろいし、ええヤツやんか」という話になったみたいで、2年目には大卒の社員さんたちしかいない部署に異動になったんよ。「ここの会社って結構オモロいな」って気持ちもあったと思う。

田中　そこからなんで吉本？

泉　たまたまやっててんけど、なんばグランド花月（NGK）のチケットをもらった。

田中　漫才・落語・吉本新喜劇を年中無休で毎日やってる大阪の難波《なんば》にある吉本の劇場な。

泉　一緒に観に行った友だちに**「おまえ、久しぶりにめっちゃ笑ってるやん」**って言われてな。NGKって、舞台が終わると、次の舞台を観るお客さんを出入り口から入場させて、観終わったお客さんは、前方のさっきまで新喜劇をやってた舞台からはけさせるやん。

田中　そうやね。

泉　今でも覚えてるけど、客席から見てる景色と、**舞台から見る景色って、ぜんぜん違う**。ついさっきまで、オール阪神・巨人師匠とかが漫才やってた舞台に、たまたまやけど俺も立ったときに「吉本に行こう！」ってはっきり思ったんよ。「これがやりたかったんちゃうか？　俺」って確信したというか……。

田中　なんかドラマチックや！

泉　そんなん違うけど、ただ当時の就職先にはむちゃくちゃよくしてもらってたから、なんか中途半端で辞《や》めるのが心苦しかったのを覚えてるわ。

田中　でも辞めたんやろ。

泉　結局な。「俺、あきらめてたけど、やっぱりここやな」ってなって、名古屋に戻った。そしたら、これも偶然やけど、名古屋で吉本のオーディションのチラシをもらったり……。なんか知らんけど、テンポがすごくよかった。**もういろんなことがどんどんどんどん俺の背中き押す感じ**よ。「吉本行こう」って心を決めたら、チラシを渡されるとかも。もうこうなったら受けようってなった。

田中　それからオーディション⁉

泉　「これであかんかったら、本当に芸人はあきらめよう」と最後やと思ってな。ほんなら吉本から、立派な合格通知みたいなのが送られてくるわけですよ。「あなたは今回のオーディションの……」って。「いや、俺はあの中から選ばれてるんや。やっぱり芸人になるべきやな！」と。それで入学式に行ったら、**ほぼほぼ全員が受かってた**（笑）。

田中　悲しい現実が……。

泉　**闇**《やみ》**な会社**ですね（笑）。

田中、高校の同級生と吉本の門を叩く

泉　てっちゃんが吉本に入ったキッカケも聞いとこか。

田中　ちょっと長なるけど……。

泉　手短にまとめて！

田中　高3になったときに、たまたま僕と一緒で、軽いいじめにあってたヤツがいて、それが後に吉本の門を一緒に叩く木山君（仮名）っていう子。イズさんには『マッチ棒』って言ったほうがいい？

泉　ああ、あの変わったヤツなあ。むちゃくちゃ変わったヤツやった。もうなんか、挙動不審で、言葉悪いけど、**こいつ、街を歩いているだけで職務質問に絶対あうってタイプ**。そんなんと何かコンビを組んでたなー。

田中　そうそう。

泉　相方がまったくやる気がないから、ネタ中に文句言うてたよな。ネタでボケ、ツッコミでやってるんじゃなくて、ほんまにてっちゃんが「やれや！」と言っていることでも「いやい

や、そんなん、俺聞いてないし、やりたない!」って。これは俺、ネタなんかな? と思ってたけど、あれはリアルに喧嘩で、なんちゅうコンビやねんて(笑)。彼とは馬があってたの?

田中 最初は別の子と仲良かったんやけど、その子の友だちが木山君。で、めっちゃおもしろいんよ。とにかくボケまくる子で、それ見て腹抱えて笑ってた。「こんなおもしろい人がいるんやなぁ」と思って。自分と会話もあうし、趣味も一緒やったんで。そうや! 夏休みに自転車で一緒に三重県一周旅行にも挑戦した。

泉 お笑いに興味を持ったんもその頃なん?

田中 最初に仲良くなった子が芸能界に興味があったんよ、「アイドルになりたい」とか、男なんやけど、CD出したいとか……。でも、その子は学校を辞めちゃったんやけどね。僕も昔、**おばあちゃんに「てっちゃん、おもしろいね」とか言われてた**んで、芸人というかテレビ出たいというか……。

泉 おばあちゃんから言われたことはずっと心にあったん? 俺はオモロいヤツやと。

田中 思ってた。だから、めげなかった。

泉 おばあちゃんの言葉がなかったら、芸人にもなってなかった可能性もあると。

田中 おばあちゃんは子どもの僕に「おもしろいし、おじいちゃんやおばあちゃんに好かれてるから、介護関係とかそういう仕事に就《つ》いたらいいよね、テレビにも出れたらいいよね」っていうのを口癖《くちぐせ》のように言ってくれてた。高3になって、就職と進学とか考えなあかんときに、とにかくなんでもいいから、いっぱいオーディションを受けようってなったんよ。

泉　高3でオーディション受けとったんや。

田中　でも受けるんやけど、母親にことごとくダメだって言われて……。テレビのオーディションを受けることもダメだし、大阪の俳優養成所も受けて受かったけど、10万円持ってきてって言われたときに、母親は「そんなお金は払えない」って怒って、絶対ダメだってなったんよ。母親から「福祉の専門学校に行きなさい！」ってずっと言われ続けて……。

泉　まぁ、お母さんの気持ちもわかるわな。

田中　ただ、ここで僕にとっては衝撃的なことが起こるんよ。

泉　おお、何。

田中　テレビのワイドショーで、大人気のアイドルだった西田ひかるさんが上智大学に合格したっていうのと、西川きよし師匠が福祉のために選挙にうって出るっていう二つのニュースを思い出して「あ、福祉の学校に進学してもお笑いできるんや！」「芸能人っていうのは、大学行っても夢はあきらめんでもいいんや！」って。そこで僕の点と点がくっつくんです。

泉　それ「西と西」しかくっついてない！　**本質やなくって、西川と西田、西と西がくっつきました**というだけやん。ぜんぜん接点ない！

田中　僕の中では完璧《かんぺき》につながってたの。

泉　すごいね、あなたの脳みその回路は。

田中　やっぱりすごいですよね、よく言われるんですよ（笑）。

泉　いやいや、そのすごいではない！　つまり、てっちゃんが言いたいのは、何かをしていても何かができるっていう**「二足のわらじ」**っていうことか？

田中　そうそう。

泉　それで専門学校に行くけども、お笑いもやる二足のワラジ……。

田中　やってええんや。

泉　ってなったと。

田中　そう。それで専門学校に入学して、一緒にコンビを組んでた木山くん（仮名）と吉本の門を叩《たた》いたのがはじまり。

最初からその気はなかった木山くん

泉　当時は、芸人として売れたい、専門学校卒業して福祉関係に就職したいっていうのの、どっちの温度が高かったん？

田中　**全部やってみようと思ったの**、とにかく。とりあえず、専門学校卒業するまでに答えが出たらいいやろう、みたいな。結構浅はかな気持ちで入ったな（笑）。西田ひかるさんと西川きよし師匠のニュースを思い出した時点で、夢って何個でも追いかけていいんだって、衝撃を受けたから。やりたいことは、とりあえず壁にぶち当たったときに、どうするか考えたらいいか、ぐらいの気持ちで前しか見てなかった。

泉　じゃあ、その木山くんと「吉本に行こうや」って、誘ったんはどっちなん？

田中　木山くんが新聞記事で吉本のオーディションを見つけてきた。

泉　ということは木山くんから？

田中　そう。その前から中京テレビで放映されてた『めざせ！　総・楽・天』という青木さやかさんが出演してた番組のオーディションに応募したり、いろんなテレビ番組、お笑い番組とかも観に行ってたんで。

泉　それは一人で行ってたん？

田中　一人で行くときもあれば、木山くんと一緒に行ったときもある。

泉　二人でコンビを組んで、二人で芸人をやろうとしてたんや。オーディションはどんなんやった？

田中　タレント養成所のオーディションは、面接があって、声出しで「ア・イ・ウ・エ・オ」みたいな。なんか先生がいてそれを「発声やってみてください」みたいな。

あと『めざせ！　総・楽・天』の番組オーディションは、「プロデューサーをののしってください」というお題があって「てめえ、なんで今日俺をオーディション受けさすんだ、このやろう！」とか、なんかそういうことをやらされたのを覚えてる。

泉　じゃあ別に、お笑いだけじゃなかったんや。

田中　タレントのオーディションにも応募したし。オーディションもしくは役者。『天才・たけしの元気が出るテレビ!!』のオーディションまでは行くんだけど。でも、ことごとくそれも全部落ちました（苦笑）。最終オーディ

泉　いるよなあ、**「最終オーディションまで行ったけど」**っていう人いるよなぁ。

田中　僕は第二次の試験やから……。

泉　ウソやん。最終オーディションは二次じゃないでしょう。

田中　最終まであと三つぐらいある。

泉　**ウソをつくのはやめてくださいよ**。

田中　二次オーディションで落ちてるから。

泉　後から、えらいことになるから。

田中　一次と二次でだいたい落ちてます（笑）。

泉　**すぐに落ちたって言うてください**。二次とかいらないですから。

田中　すんません！　すぐに落ちました。プライドが出ました。

泉　うっすい本になるで、これ。

田中　オーディションに落ちたら、最初は悔しい思いもあったんよ。木山くんなんか「俺たちの才能に気づいてないな」とかぶつくさ言ってる。「そうやなぁ」って同調したり……。

泉　「俺たちの才能に気づいてない」。アカンヤツの常套句《じょうとうく》やないかい。そうや、なんでNSCでネタしたとき、木山くんはあんなにイヤがってたん？

田中　木山くんはネタをやりたくないのと、吉本に行く気がもともとなかったらしい。

泉　なんやねん。そしたらなんで受けたん。オーディション。

田中　たぶん、冷やかしに来てただけなんやと思う。結果的に後でわかったんやけど。

泉　話戻すけど、吉本のオーディションは別々じゃなくて一緒に受けたん？

田中　僕らは一緒。吉本のオーディションの後に中京テレビが取材に来ていてインタビューされたんよ。自分もそれで受かったと思った。

泉　審査してる人たちの感触のよさげな「君たちは若いし……」。

田中　「エネルギーあるね」「おもしろいね」（笑）。

泉　**「吉本あるある」**やな（笑）。そのときに木山くんはうれしがってはなかったの？

田中　うれしがってたよ。でも、僕は知らんかったんやけど、もう木山くん、就職先が決まってたらしい。

泉　木山くん、もう性格悪すぎるわ（笑）。それを見抜けんのも問題あるけど。就職するの「し」の字もてっちゃんに言ってなかったの？

田中　ぜんぜん知らなかった。

泉　ということは、てっちゃんの熱量があまりにもスゴすぎて「俺はお笑いとか、芸人とかやる気ぜんぜんないねんけどなぁ……」ってずっと思ってたんやろな。

田中　でもなぁ、僕も専門学校に行くの決まってたから、木山くんが就職するって言ったときに「まあ、それやったら仕方ない」と思ってた。まぁ、どうせ木山くんやからって、いう変なノリもあって。

泉　**「どうせ木山くんやから」**って！　その言い方（笑）。

田中　ノリはめっちゃ軽かった。

泉　両方が。ライト兄弟っていう名前で来たらよかったのになあ。

田中　いや、**それダウンタウンさんのデビュー当時のコンビ名やん。**

泉　そういうのはよう知ってるんやなぁ。

田中　こういうのは得意（笑）。

泉　でも、木山くんも1か月ぐらいはおったんかなぁ？　俺は数回しか見てないけど。入学式とか1回目、2回目の授業ぐらいはいたと思うけど。

田中　そのぐらいやと思う。自分もNSC入ったのと同時に専門学校にも入学したんよ。

泉　でも専門学校って、ぼちぼちお金払ってるんと違うん？

田中　100万円ちょいかな、確か。

泉　親はタレント養成学校の10万円は払わんけど、専門学校のお金は払ってくれたんや。

田中　おばあちゃんとお母さんが貯金しとったから。学資ローンなんよ。

泉　まあまあ、芸人なんて不安やしな。将来、不透明やから、それやったらちゃんとしたとこでみたいな、な。結構なお金、払ってくれたんやなぁ。よかったなぁ。

田中　母方のおじさんとかにも協力してもらって。

泉　で、結果辞めたんやろ（笑）。

田中　結果辞めました。途中でお父さんに「学校に行かないなら辞めてくれ」と言われたのが決定打。**お父さんからは一銭も払ってもらってない**のに。

泉　そうですか……。で、NSC1本になるわけや。

田中　今やったらNSCの入学に40万円ぐらいかかるから、あきらめたかもしれない。

泉　俺たちの頃も一応年間の授業料みたいなのが月でも数万ぐらいあったらしいな。それ、てっちゃん、全部払ってたんやろ？

田中　もちろん、払ってた。

泉　まじめやなぁそういうとこ。当時はそういうの甘々やったから、俺は払った記憶がないんよ。てっちゃんは、そういうとこはちゃんとしてるなぁ、昔から。自分でお金出したからには、死に物狂いでやるんやろうな。

田中　プロレスにハマった中学時代に勉強したんよ。
泉　急になんの話？　プロレスがどうしたって？
田中　プロレスはルールがある喧嘩《けんか》だっていうのが、自分がプロレスを好きな理由やったんよ。だから**ルールは守らないとダメ**で、その中で暴れることが大事なんや、っていうのを勉強したの！
泉　言葉の意味がようわからん。
田中　なんかいつも**人と違うところを吸収しちゃうん**よ。
泉　大丈夫、おまえは天才やから（笑）。

コンビ結成！　オレンジ誕生！

泉　NSCは4月入学から3月卒業という1年間で、俺らの同期の名古屋5期生は、同期にザブングルとか、ゲッターズ飯田とかがいる期で、全部で120人ぐらいやったかな。
田中　**全員合格やし**（笑）、そのぐらいはいた。
泉　それで、結局大半が最初の3か月ぐらいで辞めてたよな。そこからレギュラー昇格するために新人ネタバトルで勝ち進まないといけないんだけど、俺らのライバルやったザブングルの加藤も違う相方と組んでて、レギュラー組の新人バトルも結構上のほうまで行ってたなぁ。3月の卒業公演が終わったらもうそこで「さよなら」っていうのが、吉本のスタイルやったから、それまでに結果を出しとかないとアカンし。

田中　オレンジ結成前までは、イズさんはぜんぜん違う相方と組んでて、僕も違う相方と組んでた。

泉　そうこうしているうちに3月になって、卒業公演となったときには残ってる人数が20人ぐらい。俺は、そのほぼほぼ全員から「相方になってくれ」って声をかけられたわ。言葉悪いけど、3月まで残ってる人って**執念で残ってる**からなぁ。

田中　キャラが強かったし。イズさんに声かけたんは僕のほうからやった。

泉　なんかなぁ、その中で、てっちゃんがまともに見えたんよ。

田中　唯一、唯一（笑）。

泉　俺も当時はてっちゃんに会ったら、軽くいじってるだけの間柄やったから、中身までわからなかったんよ。それで「ちょっと話があるから」ってファミレスに呼ばれて「コンビを組んでほしい」ってな。

田中　うん、覚えてる。

泉　そこでや。普通、未来の展望みたいなのあるじゃないですか。だから「なんで俺とコンビを組みたいの？」って聞いたら「イズさんは背が高くて大きい、僕は小さいから、なんか凸凹さがあるから、ナインティナインさんみたいやから、ナインティナインさんみたいになりたい」と言う。まぁ、そこは入り口としてはええ。まだまだ素人やしな。そこからの中身や！「じゃぁ、どういうボケする？　どういうツッコミする？」って聞いたら、あなたはなんって言いましたっけ？

田中　**「以上！」**。

泉　もうね、中身がまったくない！　もう薄っペラッペラ。「なんや、この薄っぺらいヤツ！」とあきれて**「ちょっとトイレ行ってくるわ」と告げたまま家に帰ったわ**。

田中　そう、**その店で一番高いメニュー注文して消えた**（笑）。

泉　それが最初やったなぁ。

田中　料理が出てきても、ぜんぜん戻ってこないから「イズさん、料理が来てるけどどこにいるの？」って電話したら……。

泉　「家」。

田中　「家にいるの!?」って、もうビックリですよ。**だから仕方ない、すべて食べて帰りましたね二人前**。もったいないから。

泉　**「テイクアウトして届けに行こうか?」**って言われたときには、もう即電話切ったわ（笑）。

田中　イズさんはツッコミがうまい、司会（MC）ができるという印象があったからコンビを組みたかった。

泉　いやいや、当時、新人の頃に司会なんかしてないよ。

田中　MC、MC。

泉　やってたとしたら、それ闇営業やで。

田中　流行《はや》りの（笑）。いや、違う違う。

泉　組んでみてわかったんだけど、てっちゃん、**意外と器用そうで不器用**。

田中　ダメだよねぇ（笑）。

泉　吉本で天然素材みたいな若い芸人が集まって歌って踊るユニットが流行ってた頃、名古屋で

コンビを組みはじめた頃のオレンジの2人

もそんなのがあった。でも、てっちゃん、会話もあかん、歌も音痴、ダンスもできず、果てはネタも覚えない、**ダメダメやったな、自分**。

田中　もうねぇ何がすごいって、だんだん仕事をはずされる（笑）。本当に……。気づくとネタ以外、出番がなくなったっていう。

泉　まぁ、愛嬌《あいきょう》だけはあったよな。

田中　ありがとう！

泉　それが、てっちゃんの持ち味やったんかな、って感じでまとめるしかないよなぁ（苦笑）。まぁ、俺も腹をくくったというのもあったしな。3月で卒業して、てっちゃんとコンビ組もうかどうしようか考えてるときにザブングルの加藤が「田中と組んだら絶対大変だよ。遊びでつるんでるならまだしも、ビジネスとしては大変だよ」って言ってくれた。加藤はてっちゃんとつるんでた時期もあったし、俺とてっちゃんの両方のこと知ってたから、よくわかってたんやろうな。**「なんだこいつ、結構深いこと言うな」**と感心して、正直少し悩んだこともあったと思うわ。だけどそれで「そうやな、やっぱり田中とはムリ」って断念するのもイヤだったんで、とにかくネタを作ってみようとなった。

田中　そこで一応、コンビ誕生やね。

泉　まぁ、振り返ればそうなるかな。3月にコンビを組んで、2週間ぐらいで新人のネタのゴングショーがあって、奇跡的にオレンジはレギュラーまで勝ち抜けるのが早かった。その頃のてっちゃんの姿を見てて、なんか意識を変えたというか、ボケとツッコミのカッコいい漫才にはならないけど、今で言ったら和牛さんだとか、あんな完成度の高い漫才とかはできないけど、でも「アレ、**ひょっとしたら、ちょっと味のある漫才ができんじゃないかな**」っていう思いもあって、そこからスタートやね。で、俺がネタ作って、てっちゃんに全部覚えてもらってやな。

田中　1回、イズさんに、「ネタを書いてこい」ってキレられたときがあったの覚えてる？「わかった」とは言ったもののネタの書き方がわからない。

泉　それであなた書いてきたのが。

田中　いじめの小説。

泉　**60ページぐらい**。「なんやねん、この分厚いの、コント？」って聞いたら。

田中　「ちょっと小説を」……。

泉　いや、ネタ書いてこい！　**もう、そこが完全にズレてる！**

いじめが試練の場合もある

泉　新人のネタバトルに勝たないとレギュラーになれない。ネタバトルのレギュラーというのが当時は12組くらいやったかな。

田中　そうそう。

泉　当時のNSCのシステムは、A、Bの2つのリーグがあって、各6チームで、1軍と2軍のようなもの。2軍のBリーグから出発して、総当たりのネタバトルで勝ち進んで上位3チームに入ると、Aリーグ、つまり1軍に行けてMCもできる。一番下の新人でも勝ったら上にいけるというシステム。そこでオレンジは奇跡的に3位までに入って、そこからずっとAリーグで「さよならBリーグ」っていうライブを、最初にやったの覚えてるわ。

田中　そうやった！　覚えてる。

泉　そこでレギュラーになってから、当時は勢いのあるキャラクター全開の名古屋のおばちゃんのコントとかしとったな。

田中　若手の頃は漫才よりコントのほうが多かったかも。

泉　名古屋吉本では当時、ライブ後にお客さんに「好きな芸人さんにマルを書いてください」ってアンケートをとってた。

田中　ああ、あった、あった。

泉　人気アンケートを集計したときに、ぽっと出の俺らが、3か月連続で1位をもらった。それが、今までいた兄さん連中としてはちょっと気分が悪かったんやろうね。そこから、**めっちゃんと兄さん連中の間に変な空気が漂いはじめた。**

田中　そうなん？

泉　当時、はっきり気づいたわけやないけど、今から思えば、そうやと思うわ。「さよならBリーグ」の1発目のイベントをやって、Aリーグまで行って、また上位3組に入った。勢いはあったけど、正直俺も自信なかった頃。そこでのMCなんやけど、ネタでいえば基本、ボケは俺。まぁ、実際のところツッコミも俺みたいなところもあっ

オカンと子どもなどのネタで笑いをとる

たんやけど、ＭＣはツッコミ担当がやるもんやったから、てっちゃんとなり……。

田中　ＭＣはムリ、ムリ。

泉　だけど先輩連中からすると「いや、ツッコミは田中やろ。田中にさせろや」ってやいのやいの言われた。当時まだコンビを組みはじめた頃やったから、**てっちゃんはちょっと引きこもり的な感じ**やったしな。挙動不審やないけど、同期とか慣れた人たちとはしゃべるけど、緊張もするし、ＭＣとなったら先輩がみんなおる中では厳しかったな。ここから軽いいじめが入ったんかなぁ。

田中　当時はわからなかったけどな。

泉　芸人って、自分が一番になりたいという人が多いし、人間関係ができてないと、ぽっと出のヤツに対しては、まったく助けてくれない世界。**やっかみもあってターゲットになった**ということかな。さすがにこれはアカン、って俺も思った。でも、当時の作家さんからは「田中が今逃げたら全部アウトになるから、絶対に泉がここは回したらアカン。これは田中の試練やと思って」って言われるし……。

田中　そんなことあったんや。

泉　そんで、てっちゃんがたどたどしくいろいろやってた頃から、俺の知らんところで兄さん連中の最初の洗礼じゃないけど、てっちゃんへのいじめがはじまったんちゃうかな。だから舞台での、ものすごい無茶振り《むちゃぶ》りもあった。舞台の上やったら俺もコンビやからフォローもするけど、それ以外のところではなぁ。コンビでいつもべったり一緒なんて、ありえへんもんな。

田中　まあね。

泉　たぶん芸人になってからすぐやな。人気アンケートは会社で集計してたのに3か月間オレンジがトップをとってたら、今までトップだった人が「このアンケートはおかしい！」って騒ぎだした。いや、「アンケートがおかしい」って、もう組織ぐるみやないかって。

田中　**某宗教団体の組織票じゃないか**と疑われた。

泉　イヤ、それはない（笑）。普通にネタやって、普通にパフォーマンスして、ありがたいことにお客さんが書いてくれただけのことなんやけどな。

ゴミ箱に入れられたままの階段落ち！

田中　ただ、あたりが強かったなあ〜。ほんとに。

泉　俺の？

田中　いやいや、違う違う。いろんな意味で。イズさんはどうやった？

泉　俺にも強かったよ。強いけど、俺の受け止め方と、てっちゃんの受け止め方っていうのは違うしな。先輩とかとゲームコーナーとかトークのコーナーを仕切るとなると、てっちゃんのプレッシャーは相当やったと思うわ。

田中　つらかったわ。

泉　でもな、舞台でできなかったら「こいつができないなら、もうこんなんツッコミには使わんとってください」ってなるのも、これは芸人の世界。そこは落としたくないから、てっちゃんも頑張る。でもスキルも何もないから、もがいてもがいて、それが**ちょっと違う方向に何か出てた**なぁとは思うで。

田中　違う方向って？　どんなんやったん？

泉　**気づいてないんかい**（苦笑）。要は、ここは空気を読んで、もうツッコまずに引いたほうがええのに、とにかく「頑張ろう」「盛り上げよう」とするから、さらにもうひとつツッコミ入れて、ドツボにはまるみたいなんあったやろ。

田中　ああ。それで、ライブが終わってから作家の人にもいろいろ叱《しか》られた。

泉　兄さんはじめ芸人連中も「なんでおまえはあんなふうになってるんや！」とか叱られる

反省会みたいなときに、どんどんひどくなっていった。最初は切磋琢磨《せっさたくま》する反省会やってんけど、足引っ張りたい芸人さんなんかもたくさんいてな。グループでてっちゃん一人を責めたり……。

田中　**集中砲撃を受けて瀕死《ひんし》**やね（苦笑）。

泉　ネタバトルを先輩とやって、勝ったときなんかも俺らは後輩やから、あたりはめちゃめちゃキツかったな。

田中　うん（苦笑）。

泉　でも直接、俺らに手を出すわけじゃないけど、楽屋の壁やドアをドーンって蹴ってたりとかもあったから、すごい世界やなっていうのと、こんなんして何が楽しいのかなとは当時は思ったわ。俺はデカいし、ちょっと強面《こわもて》に見えるからそこまでの圧はなかったけどな。まぁ、てっちゃんも謝ってるのになぁ、延々と説教な。

田中　ツッコミができなかったときに説教されるんやけど、もうめちゃくちゃ長い。10分ぐらいかな、と思ったらとんでもない。**もう2時間、3時間、それも缶詰状態で、ずっと怒られ続けてた**。

泉　ほかにどんなことやられとったん？

田中　例えば、何してるか聞かれたから「イズさんとネタ合わせをやってます」と言ったら、わざとパシリを頼んできたり。それも「これ買ってきてよ」と言われてファストフードで買って戻ってきたら、もう1回、同じファストフードの「これも買ってきて」って頼んでくる。

泉　わざとな、それは。

田中　ネタ合わせをさせないようにしてたんやろうな。でも「ネタ合わせができない」とか言うと、また先輩に威圧的なことをされるんでね。まぁ、つらくて。仲間外れにされたうえに、陰口を言われてたから、もうずっと精神的に追い詰められてた。精神状態がもうギリギリやったんやろなぁ、**楽屋にさえいれなくなった**。

その頃、優しい女性の照明さんがいたので、その照明さんのとなりに小さくなって座って、ライブがはじまるまでずっと下向きながら待ってるとか。そんなんやった。**お笑い芸人になったのに、あの頃は、イズさん以外の人とは会話をしてなかった**と思う。

泉　俺もしょっちゅう一緒にいなかったからな。それを見かけたとしても当時は、そのいじめてた先輩とてっちゃんがミニコントみたいなのをやってるんかなぁ、なんて軽く思っとったわ。誰かから「舞台以外でのボケとツッコミとかを日常的にやってれば、人間関係もできてくるし、その中で、自然と舞台のライブになったときに、ミニコント的なものが、生きてくるねん」なんてこと教えてもらったこともあったから。
でも、かなり陰湿やったなぁ。「呼ばれたからちょっと行ってくるわ」って普通に出ていくんやけど、ちょっとテンションが下がって帰ってくるっていうのがあったのは何回か覚えてる。当時は俺もまだ若いし「おまえ、何かあったん？」とか言わなかったもんな。

田中　僕もイズさんにぜんぜん言わなかったしね。でも、だんだんエスカレートしていった。中学時代のいじめと一緒やったわ。リアルに覚えてるのが、**ゴミ箱に入れられて、転がされたこと**。ある先輩の単独ライブに呼んでもらったときに、僕をいじめてた先輩がその呼ばれたメンバーに入ってたから「イヤだなぁ」ってのは最初からあったんよ。打ち合わせをみんなでしているときに「ゴミ箱の中に誰か入れようぜ」ってなって。もう僕やん。

泉　そうなるなぁ。

田中　抵抗しても、「入れや！」って頭叩かれて。さすがに「うぁ、ちょっとこれヤバい」と思ったときに、僕をいつもいじめてた先輩が「転がしましょうや！」って笑っている。そしたら、みんなが「オオー！」って誰も止めない。「やめましょう、やめましょう、ムリです、ムリです！」って言い続けてもムダやった。「やれ！　やれ！」って、そのまま、どーんと押されてドドドーンと階段から落とされた！

いや、めっちめちゃ怖かったんやから。下まで落ちたときに「あーっ」てずーっと頭を抱えてうずくまってた。でも、先輩たちはケタケタ笑って、そのまま放置。結構急な階段やで。舞台の袖のところで1回ドーンと角に当たって、ゴミ箱が割れたんやけど、そのまんまガタガタガターってすごい音立てながら落ちていった。今でもはっきり覚えてるわ。

泉　それ打ちどころ悪かったらヤバかったら死んでるで。

田中　奇跡的に骨も折れてなかったけど、折れてたらどうなったんやろな（苦笑）。

泉　舞台でも結構、陰湿やったよな。てっちゃんがMCのときにぜんぜん手を挙げてくれないとか、**スべらす方向に持っていく**とか、小道具がなくなるとかな。

田中　あった、あった。

泉　**「なんなのこれ？　ガキみたいやん」**って思っていた。でも、そんなことをする芸人なんて絶対に先ないし、人を笑かすなんてムリやろうなと思ってたから「どうぞ、好きにしてもらったら」って気持ちもあった。でも本当に新人の頃の舞台で、なんていうんかなぁ、俺たちが一番後輩やったけど「オレンジVSほかの芸人」っていう図式の中で「こいつらオモロないいんだよね～」みたいなのを、生のライブとかでようやられたな。

田中　あったなぁ。

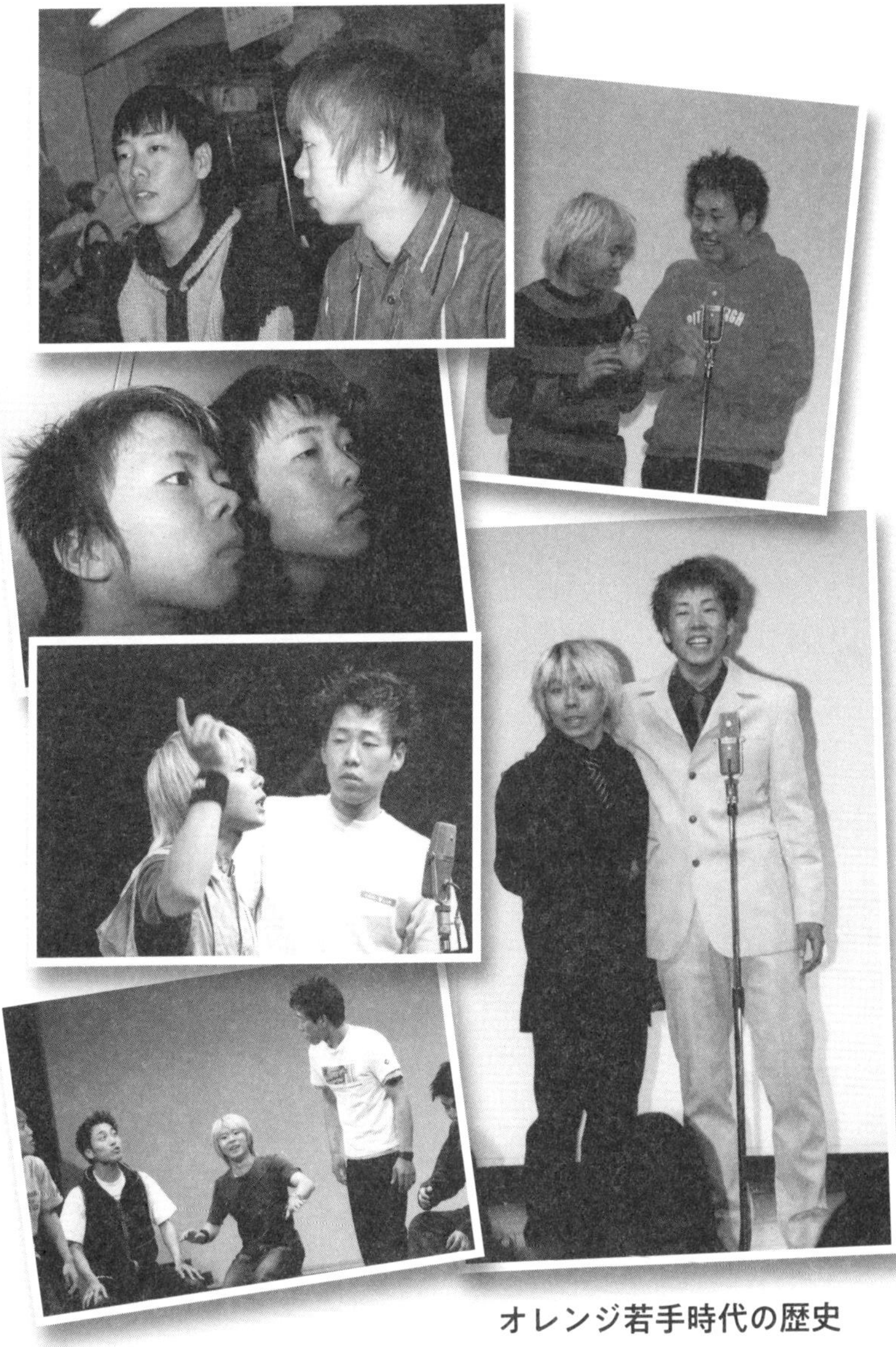

オレンジ若手時代の歴史

泉　あ、でも、これ言うとかんとあかん！　今、吉本ガチャガチャしてますが（笑）。

田中　してます、してます（笑）。もうガッチャガチャ（笑）。

泉　今の名古屋吉本にいじめなんて、ぜんぜんないですからね（笑）。

田中　コンプライアンスやね。

泉　そうそう、コンプライアンス厳守や（笑）。闇営業とか芸人の未成年の頃の黒歴史まで、**文春さんがしっかり掘り起こしてくる**からな（苦笑）。怖い、怖い。

田中　それに僕をいじめてた先輩たちは、今はもう……。

泉　**消えたなぁ……。**

相方に救われて、田中に優しい時代がやってくる!?

泉　てっちゃんへのいじめみたいなのがあったのもコンビ組んで2年目ぐらいやから、もう20年近く前やしな。ちょうど俺らのぽっと出で、ワーッと上がったときが、いろいろと一番きつかった時期やったわ。俺が気づくのがもう少し遅かったら、てっちゃん、どうなってたかわからんというか、ヤバいことになってたかもしれん、って今やから言えるけど正直あった。

田中 そうやと思う。でも、イズさんは強かったからな。

泉 そうか。

田中 逆に陰口を言われているタイプやったやん（笑）。

泉 けど俺もあったよ。**草履《ぞうり》で顔を一発どつかれたり**とか。

田中 えー！　どつかれたのか⁉

泉 けどまぁ、そこでこっちも手を出しても何も得がないからな。

田中 大人やなぁ。あと、当時先輩だったAさんにやっぱりいろいろイヤな思いをしたのを覚えてるわ。

泉 ああ、あった、あった。俺も覚えてるわ。俺の目の前でジャれてんのかなと思ったら、Aさんがリアルにどついたり、蹴りとか入れてる。てっちゃんも「いやいやいや……」って笑いながらもバンバン受けててな。さすがに俺もAさんに「やめてください、それ」って言うたな。当時はてっちゃんとは仕事以外では別行動やから、どこで何をしてるか知らんかったけど、そういうことがいっぱいあったんやな。

でも、当時、二人で言ってたのは**「俺らはとにかくネタがおもしろかったら評価されるから、大丈夫や‼　行こうぜ‼」**って。「そこで負けたら、絶対にアカン。勝てると信じてるヤツが勝つから」って言ってな。

田中　芸人になって、**頑張ったら頑張った分、いじめにあうという不条理**。殴る、蹴るがまたはじまるっていう感じやったから、中学時代にいじめられていたイヤな記憶とかも思い出すし。今から思えば、中学時代のいじめのときもそう。陸上部で僕なりに頑張っているのに、記録が悪いからって殴られるから「なんでなんだろう？」って思ってた。芸人になってもまた同じことが繰り返されるから、精神的にかなり厳しい状態やったと思う。

でも、あるとき、イズさんが、「先輩、申し訳ないんですけど、もうそろそろやめてください」っていじめられていたときに止めに入ってくれた。

泉　もうアカンと、さすがに俺も思った。お笑いを辞めるみたいな弱音もちょこちょこ出してたし。

田中　イズさんに「田中、もう大丈夫やから。あんなヤツらを人生で相手にすんな」って言われたときに、**生まれてはじめて泣いた**。僕はいじめられて、どんなにつらくても泣いたことはない。それも、はじめて流したうれし涙。もう涙とまらなくなって号泣した。「イズさん、やっぱり僕やりたい！」って、お笑いをまたやろうって決めたんよ。

泉　先輩にやっかみから陰湿なこともたくさんされたけど、ここで辞めたら、絶対、オレンジはアカンって思いがすごくあって「絶対に先にええことがあるから」って言い続けた。ほんまにその通りになったしな。**あれを乗り越えたことはやっぱりデカい。**

田中 デカいね。何かイズさんにいろいろ助けてもらったとき、ほんとにゴールが見えた感じがした。イズさんの前で大泣きしたとき、心の中で「ああ、これはもしかしたら、**自分に優しい時代が来るんちゃうか!?**」って。

泉 優しい時代って（笑）。

田中 中学以来の長いトンネルから抜けられるかもしれない……めっちゃ長かったトンネルが。

泉 長い、長いトンネルやったなぁ。

田中 だから僕は昔の自分に言ってあげたい。「よう耐えたなぁ」って。そして「その先に絶対良いことあるよ」って（笑）。

泉 **次のトンネルの入り口前でなかなかええこと言うね。**

名古屋を訪れた尊敬すべき
先輩のナインティナイン・岡村隆史さん、
へびいちご・島川学さんと

田中　いや～だ～。

第4章

いじめについて考えよう

田中にはトリセツが必要⁉

泉　俺も小学生やったけど、たった半年のいじめがものすごく長く感じた。だから、年単位でのいじめなんてなったら、たぶんもたなかったと思う。ただ、やっぱりというか、俺と同じで、そのとき、俺に具合悪いことをやったヤツらは何年後かに、**逆にひとりぼっちになってたっていうのもあったわ。**

田中　あー、やっぱりそうなるんやなぁ。

泉　俺はそれから一切そういうことはしてないんやけど。結局、集団行動やから、その集団の中で同調してないというか気に食わないと、例えば悪いことしてるヤツらやったらいじめだしたり、逆にあんまりすり寄りすぎても、パシリみたいに扱われるし。

田中　**どっちもあるある**なんやろうな。

泉　当時はもちろんわからんかったやろうけど、いじめられた理由って何か思いあたることある？　もちろん、だからっていじめていいということではないのは大前提やけどな。

田中　部活をサボってて「来い」って言われても行かなかった。そこだと思うんやけどなあ……。

泉　キャラ的なものは？

田中　やっぱり喧嘩も弱かったし、いじめっ子にとっては、いい道具なんじゃなかったのかなと。今思えばですよ。

泉　今もいじられキャラやし、**昔からそういう要素はあったた**んやろうな。

田中　そうね。

泉　**いじられキャラが天職やもんな。**

田中　褒《ほ》められてるん？（笑）

泉　微妙やな（笑）。本当は、いじられてなんぼの人なんだけど、その返しが、イラっとした部分もあったんかもな。

田中　イジメっ子が怒ってたのは、言うことを聞かなかったからだと思う。例えば「来い」って言っても来ない、「走れ」って言っても走らない、「早くしろ」って言ったことを早くしない。いじめっ子からすれば、全部それは教えていることなのに「なんでや！」と思ってたかもしれない。だから、それをやらないから「なんや、コラ！」みたいになったのがはじまりだったとは思う。「来いよ、来いよ」って言うのに「行かない、行かない」とだけ言って、そのまま走って逃げたりしてたんで。「なんでや！」の答えがなかった。

泉　**人をイラっとさせる天才**なんと違う？　ひょっとすると（苦笑）。20年間付き合ってきて、ほとんど**会話は禅問答**やしな。てっちゃんの場合は、ハマる人はむちゃくちゃはハマるんやけど、もうムリってなる人も多いのは実際ある。本人は天然で、普通にしゃべってるつもりなんやろうけどな。例えば、主音声の会話で「今日、いい天気やなぁ。でも夕方から雨降るらしいで」とか天気の話してるのに、あなたは「今日って昼、カレーとか食べたいよね」って勝手に副音声に切り替えてくるから、**なんの話してんねん!?**　ってビックリすること多すぎや！「それってなんなん!?」って何回言ったことか。俺はこの22年でてっちゃんのことをポンコツな人ってわかってるからなんの苛立《いらだ》ちもないわ、もう。

田中　「もう」って（笑）。

泉　もちろん、もっとスキルを求めたこともあったから「なんでおまえ、これひとつができへんねん」っていうのも多かったもん。中日ドラゴンズの応援歌でも「おまえが打たなきゃ誰が打つんだ♪」のメロディだけ歌ってくれって頼んでも、**これが歌えない**。

田中　歌はダメ（笑）。ピンクレディーさんのサウスポーの替え歌な。

泉　まぁ、てっちゃんのトリセツを俺はもう持ってるからいいけどな。当時、自分はどんな子やったと思ってた？

田中　やっぱり目立ちたがりやったなぁ。お母さんに言わせると、おちゃらけてアホなことをやるのが好きってイメージやったらしい。

泉　浮いてたんやろうな、そんなんやったら。人気者なんて思ってへんやろな！

田中　あ、でも、もしかしたら、当時は「僕、人気者かも」って思ってたかも……。でも、うん、まわりからしたら浮いてた可能性が高いなぁ……今ならわかる（笑）。

泉　同期のザブングルとか一緒のときもそうやった。てっちゃん、いつも前に出てきたもん。ギャグとか自己紹介とか元気に発表できるときだけ、自ら手を上げてワーって前に出る。そういう度胸みたいなのがあるのはいいと思うんやけど、**まったくウケない**。「なんやねんこいつ」ってみんな思ってたわ。すぐに同期にいじられてたやん。いじめとかそういうことじゃなくて。ただ、いじられるのがイヤなんかしらんけど、それからしばらく授業にも顔を出さなかった。

田中　**逃げてましたね**（笑）。

泉　「今日、田中来てるで」って誰かが言ったらすぐに「どこにおるの？」「どこや」みたいな、立ち位置やったからな。

いじりといじめの違い

泉　ただ、いじりといじめはぜんぜん違うっていうことを、知っといてもらいたいな。

田中　いじめる側はいじってるつもりかもしれないけど、これは違うね。僕はイズさんとコミュニケーションが取れてるから、仮にキツいことを言われても、それはいじられてるって納得できてるけど……。

泉　まず、いじめというのは、ただただ叩いて殴ってとか、無視して悪口言ってとか、見てる人が不快な思いをする。これがいじめ。いじめっていうのは相手のことを見下したり、敵視してる。俺もこう見えて結構、兄さんたちからは、いじられるんよ。そのときに感じるのは、**ちゃんとそこに愛があってやってくれてる**ってこと。そうでなくて、自分だけがいじってるつもりで、相手のキャラのよさをまったく引き出していない、これは本当の悪口で「いじめ」やろうな。

田中　愛があるかどうか、コミュニケーションがとれてるかどうかは本当に大事。

泉　芸人の世界でいえば、前に出てこない芸人は1回のパスを受け損なったら、次のパスはもう来ない。**これはいじめでもなんでもなくて基本**。それでも売れていればいるほどなんやけど、人気の芸人さんたちと舞台に立つと**空気の読み合い**をする。例えば、その中でコミュニケーションがちゃんと成立していれば、ちょっとすべったとしても、まわりのガヤがめっちゃ拾ってくれて**おいしくしてもらえる**。でもコミュニケーションが成立してなくて「あいつら、ないわ」って感じで周囲から見られているコンビは何かすべったら、**誰もいじらんし、そのまま終了！　これは露骨に芸人の世界ではある**。てっちゃんが芸人になっていじめにあってた頃、先輩たちに味わされた空気感は「あいつらないわ」のパターンやな。

田中　あの空気はヤバいな。

泉　本当にびっくりするぐらい、舞台上での冷たさというのは。俺ら芸人はお客さんを楽しませるために、やってるはずやのに……。どんだけオレンジがおいしくしたとしても、まわりの先輩たちがついてきてもくれずに「ああ、もうえぇ、もうえぇ」と無視する。**これでは舞台上で何を言ってもウケへん**。例えば、MCがオレンジに愛想なくしたら連鎖反応でお客さんも「こいつら出てこんでえぇねん」という空気に勝手になってしまう。トークでめっちゃ長く振る人もいれば、1回だけ振った返しに「あーそうか、へー。じゃぁ、次行こうか」で終わる場合もある。お笑いの舞台で、こんなことあってはいけないとは思うんやけど、露骨に今もあるといえばある。

田中　残念ながら……。

泉　いろいろ考えると、**その人の失敗をおもしろくするのがいじり**やと思うわ。だからテクニックのない人、失敗した人のケツふけへん人は、連鎖反応ですべってるだけ。いじりというのは、その人の魅力を最大限におもしろく変換した笑いをお客さんに届ける。いじめは、その人を傷つけて笑いにも変換されないままお客さんの前に放置するようなものだと思う。

芸人やからプライベートでも、たまに素人さんがいじりのつもりで、しつこく「面白くない、面白くない」って言ってくることもあるなぁ。これは本当にキツい。俺には少ないけど、てっちゃんはめちゃくちゃ食らってるな。

田中　確かに多いね。でも、イズさんから**絶対同じ土俵に上がるな**って言われてるから、反応しないようにしている。

泉　空気が読めない人っているからな。それは**芸人でもいるけど、ほぼ売れてない**。売れてる芸人さんはそんなのはない。みんな合いの手で、笑いをドーンと取るようないじりをちゃんとしてくれる。そこで**ちゃんとオチをつけてくれてる**から。それがお笑いやと思う。それを通り越して延々と同じことをしている芸人は、しつこいだけのただただ不快な気持ちにさせる人。

その空気感は芸人やったら読める。いじられた相手が不快な思いするっていうのは、いじりでは絶対ないと思うわ。

田中　僕が舞台でイズさんにどつかれる「ツッコミ」も同じやと思う。

泉　お笑いではツッコむときに、どつくというのがあるな。これもやっぱり、見てて不快になるようなのは違うな。例えば、オレンジだとてっちゃんがちっちゃくて俺が大きい。大きい人がちっちゃい人を叩いてたらいじめに見える。これは人間の脳の勝手な思い込みやけど。逆に小さい人が大きい人をどついてると小さい人に「やれ、やれ！」って。

田中　オレンジは逆やからなぁ。

泉　俺もいじめてるように見えるのはアカンって舞台で思ったから、手加減したりしてるんやけどな。でもネタをやってると、ふっと忘れてしまうことがあって、そのときは「ごめん、ごめん」って謝るようにしてる。これアカンなと思って。昔はどつき漫才っていうのがおもしろかった。叩いたら叩き返すみたいなのがあったけど、叩くっていう行為自体に「なんで叩いて反応しないといけないの」「いじめやん」っていうのが、今のご時世はあるし、ご年配の人は特にそうおっしゃる。だからこそ叩くんやったら、**笑いにちゃんとできるテクニックとお互いの信頼関係が必要**なんやと思うわ。

田中　ムチャ振りのときもそうやね。

泉　そうやな。もしムチャ振りして、相手がすべったらフォローする気持ちがちゃんとあるのはいじり。ムチャ振りしてすべりました、はい終了というのはいじめ。だからもう前に出たくなくてイヤや！　っていう人をムリやり前に出した挙句、みんなで放置して無視するっていうの、これもかなりのいじめやな。

田中　オレンジは、二人の間でちゃんとコミュニケーションが取れてるから、お客さんも安心してイズさんからいじられる僕を見てられるんやないかな。実際、もしネタが仮に飛んだとしても、お客さんには悪いんですけど**「すいません、ちょっと田中はこういう人間なんで」**ってイズさんが解説してなんとかしてくれる（笑）。

泉　昔はイラっとしてたんやで。「なんやねん！　おまえ、ちゃんとやってくれや！」って。でももう今は「これがてっちゃんなんや」と思えるようになった。それに漫才って、てっちゃんが言うように安心感があるとめっちゃウケる。**お客さんが不安がってハラハラしてる漫才は絶対ウケない**。お客さんからすれば「いうてもオレンジは、泉が田中の面倒を見てるから」っていうのがあるのとないのではぜんぜん違うんやと思うわ。

田中　お客さんもそうやろうけど、**僕自身も舞台で笑い声の中にいる安心感ってすごい**。信頼してついて行った、助けてもらった恩人のイズさんと一緒に、舞台で漫才して、二人のコミュニケーションでウケてドカーンって笑いがとれたとき、不安や怖いものがなくなるというかとにかく安心するんよ。逆にすべって、笑い声がないときは、いじめられた感覚にまた戻ってまう。

泉 だから**てっちゃんはよく舞台でテンパるんか**（笑）。

笑いをとるための罰ゲーム

泉 芸人のいじりやツッコミ、ボケのリアクションとか、これは仕事やし、あくまでもお客さんに笑ってもらうためにやってることなんやけど。それを素人さんが、そのまま真似《まね》されると具合の悪いことになるよな。

田中 僕は今、小学校や中学校でいじめの講座をさせてもらってるんやけど、そのときにお笑いの仕事についても話をするようにしてる。

泉 例えば？

田中 まずは、リアクションの大変さかな。

泉　いろいろとてっちゃんも体を張ってやってくれてるよなぁ。今までで、一番大変やったんは何？

田中　**罰ゲームで馬糞《ばふん》に顔突っ込んだ**やつ！　もう最悪やったわ（苦笑）。スタッフの人に「田中さん、すいません、馬のウンコの中に顔を突っ込んでください」って言われ、「ええーっ!?」って話よ。

泉　まぁ、そうなるわな（笑）。

田中　一応、馬糞が前に出てきた瞬間に「うわあああ！」ってリアクションとるわな!!　「ええ！　そんな！　今から顔突っ込むんですか!?」って。

泉　お得意の演技やろうけど、本気でイヤやわな。

田中　そのときは冬やったから、**馬糞はそれほど臭くない**。

泉　表面カチコチやから臭《にお》いは漏れてこんからな。でも、中は……（笑）。

田中　臭い！　それも、ものすごく（苦笑）。MCの人に「行くぞーっ！」て言われて顔をバッシャンと馬糞の押し付けられると、ブワーン！　って割れたんよ、馬糞が。そしたら、めっちゃ会場が臭なった（笑）。

泉　アカン！

田中　「うわあああ！　うわあああ！」ってなったら、ドーンと笑いがきてな。

泉　お客さんも臭いけど、**てっちゃんにとっては、おいしい瞬間や！**

田中　お笑い芸人としてはおいしいけど、**田中個人としては臭い、汚い、最悪や！**

泉　馬糞って、臭いとれんの？

田中　あれは恐ろしいよ。ぜんぜん臭いが消えへんからね。びっくりするくらい顔面全部にめっちゃウンコついてるから、すぐに顔を洗った。ものすごい勢いで石けんをつけて、めっちゃ洗ってんけど、何時間洗ってもぜんぜん臭いが取れへんかった。

泉　何時間って（笑）。それでも取れんのか、すごいなぁ。

田中　いやいや、さすがに僕も「なんでやろ？」と思ってぱっと鏡を見たんよ。**そしたら鼻の穴にウンコが詰まってたんよ。**

泉　まさに「鼻クソ」や！

田中　めっちゃ最悪やったで、そんなん。

泉　これはリアクション、芸人の世界では成立してるけど、これをそのまま、友だちにやったら、単なるいじめやからな。そこのところは、わかってもらわなあかんな。

田中　**こんなん中学生の頃、やられてたら不登校になってるわ。**絶対「馬糞」か「鼻クソ」「うんち」ってあだなをつけられるやろうし。

泉　あと、身内の話もようするよな芸人って。親がカッコ悪いことしたら「もうええやん、いじらんといてよ」ってなるのが普通やけど、お笑い芸人は、笑ってもらえるんやったら「おもしろい親やろ?」とかプレゼンしたりするもんな。てっちゃんのおかんは天然やし、笑ってもらいやすいしな。

田中　芸人になるまでは隠してたけど、芸人になってからカミングアウトした瞬間に、お母さんがバッて盛り上がるから「あ、これはええことなんや」と思ったの覚えてる。まぁ、うちのお母さんは天然っていうよりも、**もうちょっとおバカさん**（笑）。

泉　てっちゃんが言うぐらいやから相当やな（笑）。中学のときにいじめに気づいてくれなかった話は聞いたけどな。

田中　どれぐらいおバカさんかっていうとね、布団圧縮袋ってあるやん。

泉　通販番組でようやってる、掃除機で吸って布団をぺったんこにする袋な。

田中　旅行用とか小さいサイズのもあるんよ。それで、うちのお母さんが通販でそれを買ったけど旅行もしないから、使わないともったいないと思ったんやろね。それで、うちのお母さんは何を入れたと思う?

泉　なに。ちょっと期待するなぁ。

田中　ししゃもを入れた。

泉　ししゃも⁉　魚の？

田中　そう、**ししゃもを入れて真空パックにしたかった。**

泉　なるかい！

田中　うん、ならんかった（笑）。掃除機で袋の中の空気を吸った瞬間に、ししゃもがぐにゅぐにゅぐにゅとつぶれて、掃除機の中にブワー入って消えていった。そしたらお母さんが「てっちゃん！　てっちゃん！　ししゃもがああ～～！」

泉　**いや「ししゃもが～」ちゃうやん‼**　こんな感じで身内の話をネタとして笑いをとるのは、芸人としては「あるある」やな。

田中　ただ、これはお客さんに笑ってもらうのが仕事だからこそ話をするんであってね。僕らは、笑ってもらえることがうれしいっていうのが根底にあるから。

泉　もちろん素人さんでも、自分から家族の話を面白おかしく友だちに話すのはありやろうけど、他人からやいのやいの言われるのとは違うよな。なかにはどうしても家族のことに触れてほしくない事情の子もいるやろうし。そこを間違えたら、やっぱりいじめにつながってくることもあるやろうし。

田中　罰ゲームみたいなリアクション芸も身内の話も、芸人だからやってることであって、誰かがイヤな思いをするんやったら、それは違うと思う。

今のいじめの実態

泉　今のいじめは、昔とだいぶん違ってきてるんやろ。

田中　今はSNS、つまりTwitterやLINE、インスタなんかだけど、これがいじめの温床になっていることも多い。僕らの時代はなかったツールだよね。

泉　俺はどちらかというと苦手な分野やけど、感情や表情が見えないから、ややこしくなるとか聞いたことあるな。

田中　SNSはイズさんが言う通り相手の感情がやっぱりわからない。例えば同じ言葉でも、ぜんぜん捉え方が違う。しかもLINEなんか既読になって返さないと、コミュニティーで仲間外れになったりいじめの対象になったりとか、そういうことが起きやすくなるみたいやね。確かにいじめの温床なのかもしれないとは感じる。でも、時代が時代やし「SNSなんか使うな」っていうのも、ナンセンスやと思うんよ。小学生の子たちなんて、生まれたときからすでに当たり前のようにSNSが存在してる世代やし。

泉　子どもたちにとって、それが新しいものではないもんな。

田中　やっぱり、そういうものは使わないわけにはいかない。今の時代というか、特に子どもたちは使わないと逆に具合が悪いこともあると思う。じゃぁ、どうしたらいいかと考えたんやけど、やっぱり人間って、目、耳、口があるわけやから、だったら**それをSNSを使う以上にもっと使えばいいんじゃないか**と思う。しゃべって感情を出せばいい。そうすれば相手の言葉の本当の意味というか、本当に言いたかったことがわかると思う。

泉　喜怒哀楽な。名古屋の後輩芸人を見てても思うけど、喜怒哀楽がようわからん子が多いもんな。

田中　僕は、この言葉に魂を込めるっていう作業がすごく大切だと思ってる。

泉　そうしたら受け手もわかりやすいしな。

田中　ただ、受け手もまた大事なことがあるんよ。「何してた?」って聞いたときに、**表情を読み取って感じ取る**ことができないと、せっかく言葉に魂を込めてしゃべったとしても伝わらないから。

泉　でもSNSやと言葉に魂を込めても、表情が見えないから伝わらんし、受け手も読みとるのは難しいやろ。

田中　そう、だからSNSとか感情が伝わりにくいツールの場合、メッセージを受け取ったときに、この人どういう気持ちなんやろうって想像しながらやり取りしてほしいと思う。あと、

実際にしゃべることとき優先してほしい。

泉　後輩芸人と飯行っても、何もしゃべらんと黙々と食べてるヤツ、いるもんなぁ。

田中　コミュニケーション不足の時代っていわれるぐらいやから、若い子には、しゃべること自体が難しいのかもしれない。先輩とか世代が違う人とは特にね。ちびまる子ちゃんの世代だと、リビングや玄関に黒電話が一台あって、誰かに電話をするときはその子の家の電話にしなければいけない。だから、友だちのお父さん、お母さんや、お兄さん、お姉さんとかの世代の違う人と話をすることもある。ちょっと緊張するけど、やらないと友だちにつないでもらえないから、仕方なくてもやってたやん。

泉　今は個々でスマホ持ってるから、用事のある相手にダイレクトに電話できるしな。

田中　今の子どもたちは、一人ひとりがスマホを持って個々のやり取りのうえ、LINEをはじめとするSNSがメインだから、親もなかなかわからない。

泉　把握するのは難しいな。だからてっちゃんは、小中学生にお笑い顔体操とか教えてるんやって?

田中　しゃべるときに顔の表情を作ってもらいたくてはじめたんよ。目を見開いたりして、顔の筋肉を動かして、表情豊かになってほしくて。表情が豊かになれば、相手にも感情が伝わりやすくなるから。これで、自分が本当に危険信号を出したいときに「助けて」って言わなくても、顔の表情だけで察してあげることもできるようになると思うんよ。表情豊かな子が暗い顔してたら、やっぱりわかる。なかなか「助けて」という言葉を言いたくても言えないときが多いと思う。僕自身がそうやったから。

あと、思い切りみんなに笑ってもらったときに「となりの子の顔をよく見といてね」とも伝えてる。**子どもでも誰でも作り笑顔ってできる**と思うんよ。だから例えば、いじめなのかふざけてるのかがわからないと

オレンジとして小学生と対話する

きに**「あ、笑ってるから大丈夫なんや」**と単純に思わないでほしい。

泉　「ふざけてるのかと思ってた」というのは、いじめを見ていたはずのまわりの人たちがよく使う言葉やね。

田中　笑顔にもいろいろあるはず。でも、表情豊かに、感情をちゃんと表に出して、表情にしていないと、どれが本物の笑顔なのかがわからない。

泉　だから、となりの子の本当の笑顔を見てもらうってことやな。

田中　そう。そうすれば**「笑ってるけど、なんかおかしいぞ」**っていうのは気づけるんじゃないかと思って。「となりの子の、今のこの笑顔を覚えておいてね」って言ってる。

泉　それは大事なことかもしれんな。

いじめの暗いトンネルを抜けるには話すこと

泉　いじめのニュースを聞くたびに思う。今、いじめられてる子だって、いっぱい友だちを作りたいやろうし、楽しいことをいっぱいやりたいだろう。これは当たり前のことやから、そのことに周囲の誰かが気づいてあげて、そっち側に持ってこれたら、どんだけよかったやろうなって。同じことが、子どもたちのいじめだけでなく、会社とか大人の世界でも起きてるし、それで命を落としている人が世の中にはごまんといるわけやから、それを少しでも回避するためには、ちょっとした安心感というのが、すごく大事になってくると思う。小学生のときに周囲から無視されたとき、俺に忠告してくれて、無視してたヤツらにも話をしてくれた友だちがいたって話したよな。

田中　うん、すごい大人のいい友だち。

泉　その友だちが一人いるっていう、その安心感が俺の凍ってた心を溶かしてくれたのは確かやな。だからてっちゃんが芸人になってから、いじめにあっているときっていうのも、俺は気がつくのが遅かったかもしれんけど、てっちゃんの横に俺がいることで、何か気持ちが変わったんちゃうかなとは思うんよ。

田中　もちろん、それはすごく大きいことやと思ってる。ものすごくうれしかったし、前にも言ったけど、これで中学から続いたいじめのトンネルを抜けられる、僕に優しい時代が来るって思えたもん。

泉　信頼してくれてるもんな。**ちょっと俺はもうお腹いっぱいやけど。**

田中　そんなん言わんと……。それはもう、いつもお世話になってるし。

泉　いじめられてる子も、誰か一人でいいから信頼できる人がいれば、トンネルから抜け出せるん違うかなぁ、と思うな。

田中　僕はイズさんがいてくれたから、トンネルも抜けることができて、芸人としても楽しく仕事させてもらってる。だから、子どもたちには「助けて」ってできれば言って、言葉を出せない子は助けてくれる人が必ずいるからと信じて出会って、できるだけ早くトンネルから抜け出してほしいと思うね。

泉　長くなればなるだけ、精神的なダメージ大きくなるから、できるだけ早くっていうのは難しいけど、そうなるといいよな。

田中　僕らの時代、親と先生たちとの関係は、今の時代とはちょっと違ってたと思う。例えば僕は、親の前ではっちゃける自分を見せてた。お母さんに対して「クソババァ！」「バカ野郎！」とか言ってたと思う。だけど学校に行くと**「先生よろしくお願いします、内申点ください」**ってゴマすりしてな。

泉　アカンなぁ（苦笑）。

田中　だけど今は、親の前では怒られるのがイヤだから優等生を演じてるって子も多いらしい。だから学校に行くと親の呪縛《じゅばく》から逃れてワッーって騒いでしまうっていう子とかいる。

泉　親の前では優等生やから、学校で悪さしても親がその事実を信じられなかったり、誰かのせいにしようとすることもあるってことや。モンスターペアレンツとか、極端な親もいるらしいしな。

田中　まぁ、それは時代、時代でいろいろと状況が違うから、どっちがいいというわけではないのかもしれんけどね。昔「ババァ！」って暴言を吐いたら、お母さんから「このバカタレ！」ってゴツンと頭を叩かれながら怒られるのも普通のことやった。だから、弱いところも見せやすいから「お母さん、怖いよ。学校でこんな目にあったんよ。相談していい？」って本来は言いやすかったと思う。それでも、僕もなかなか自分から助けを求めるのはできなかったのが正直なところなんやけどね。でも、あのとき、助けを求めていたらもっと早くトンネルを抜け出せたかもしれないって思う。

だから、自分が家で優等生になってるんやったら、今度は学校で、先生たちに助けを求めればいい。相談したらいい。担任の先生に言いにくいんやったら、ちょっと話のしやすい先生や保健室の先生でもいい。自分のことを一番わかってくれてる先生に話せばいい。親と仲良しな人やったら、親にしゃべればいい。もちろん友だちでもいい。**誰でもいいから、困ったことがあったら近くにいる人に助けを求めること**。それができないなら、気づかれるシグナルを出せばまわりももっと気にかける。思いやりを持って接する。それがコミュニケーションやと思う。とはいえ、実際にいじめにあってしまうと、今までできたことができなくなったりする。

泉　いじめにあってる精神状態では、**自分が自分じゃなくなってる**もんな。

田中　だからこそ普段から言葉に魂込めて、**感情を顔に出して親と先生と友だちとしゃべってコミュニケーションをとってほしい**。そうすれば、たとえ「助けて！」って自分から言うことができなくても、話す表情、態度を見て、誰かが気づいてくれると思うから。

自殺について

田中　いじめによる自殺のニュースをよく耳にするのも本当に残念。

泉　2019年の9月にも埼玉県の川口市でいじめ被害を訴えて3度も自殺未遂を図ってた子が、結局、遺書を残してマンションから飛び降り自殺したニュースがあったなぁ。

田中　いじめって、いじめっ子といじめられっ子、そしていじめを見てる子たちがグルグル回って歯止めがきかない状態で延々に続いていってる状態。いじめっ子っていうのは、もしかしたらいじめていることに気づいてないかもしれないと思うことがある。中学時代に僕は陸上部の子の五人からいじめにあってた。彼らの言い分は、僕を部活動にちゃんと行かせるために殴る蹴るしてたわけやん。彼らの中では大義名分があって、正しいと思ってやっていたのかもしれない。暴力は何があってもダメだから彼らの肩を持つわけでは決してないけどね。ただ、いじめてるつもりはなくて、**ゲーム感覚でただ遊んでただけ**、あるいは先生の代わりに指導してただけ、とかね。

泉　俺からすると5対1って段階で、もうアカンけどな。

田中　ちょっといじめっ子の気持ちを考えてみたら、その可能性がないとは言い切れない。

泉　自分では遊びのつもりでも、相手がイヤだと感じたらいじめだってことがわかってない、ということはあるかもしれんな。そこはしっかり教えてあげないと、**気づかない子はわからないままや**しな。

田中　じゃあ今度はいじめられっ子。いじめられっ子は、無視とかイヤがらせみたいな陰湿なものから暴力を振るわれるものも含めて、精神的に追いつめられてる。いじめられている子は「つらい、つらい、つらい……」って日々なってる。そんなときにテレビで同じようにいじめられてる子の自殺のニュースを見てしまうと、同じ悩みの子がいて「なんや自殺してるんだ、飛び降りしてるんだ、じゃあ僕も死のうかな……」って思ってしまう。だから死ぬんだと思う。

普通の精神状態だったら「いやいやいや……」ってなるんやけど、自殺してしまった子のほうに心をリンクさせてしまうと思う。

泉　それは切ないなぁ。

田中　ただ、はっきり言っておきたいのは、**いじめられて自殺するなんてもったいない**ってこと。死のうと思うほどいじめがつらかった僕が今、お笑いやって、マラソンやって、先輩たちと楽しい食事をして、楽しいことだらけやもん！

泉　酒も一滴も飲めなかったし、俺以外と誰とも口きかなかった人が、今や俺よりも人脈広いし、酒も飲めるし。

田中　おかげ様で（笑）。もちろん悩むことも、イヤなことも、イズさんに叱られることもある（笑）。**でもそれ以上に、楽しいことのほうが断然多い**。だから、もし自殺とかそういうことを考えている子に言いたい。心配しなくても大丈夫や、と。寿命があるので必ず人間は死にます。本当は死ぬのが怖いはずやのに、ムリしてそんな思いしてまで死ぬ必要はない。絶対に楽しい人生がその後に待ってるんやから、絶対、死んだらもったいない！

泉　いじめなんてするしょうもないヤツのために死ぬのもアホらしいし、って思ってくれるといいな。

田中　そして、いじめを見てる人たちも必ずいるはずなんよ。でも「あの子、いじめられてる？」って気づいたとしても助けられない。それはなぜかといえば、先生や親に告げ口したら、今度は自分が標的になるかもしれないっていう恐怖があるから。

泉　関わらんとこうという、厳しい言い方をすれば、いわゆる事なかれ主義。でも、今や、

いじめから自分を守るための処世術

になっているのかもしれんな。

田中　でも、それぞれの立場で、これをずっと続けていったら、やっぱりなくなるものもなくならない。なんでもいいから誰かがひとつ、**歯車を変えることが大切**だと思う。そこに直結することでなくてもいいから。例えば、いじめっ子が自分がやってることはいじめなんだ、ってことに気がついて、今まで10発殴ってた、あるいは10回悪口を言ってたけど、今度から1発にしよう、1回にしよう、残り9発、9回はやめとこうとする。そして、その1発、1回も本気で腹が立ったときにしようって思うだけでも違う。

いじめられてる子は、つらくて苦しいからって自殺した子に心をリンクさせるんじゃなくて、例えば「中学時代から芸人になってもいじめられてたオレンジの田中って人が今、芸人になって人を笑わせてる」でもいい。僕以外でも、いじめから抜け出した人の本や話を聞くことで、少しでもこっちの世界に心をリンクできたら、ちょっと状況は変わると思う。

いじめを見てる子は、親や先生に話ができれば一番いい。でも、それができないんだったら、いじめられてる子、いじめられてるかもしれない子に「おはよう」とか「元気ないな」とかひと言でいいから声をかける、それだけでも**何かが変わる**と僕は信じてる。

そうやって、いじめてる子、いじめられてる子、いじめを見てる子それぞれの歯車がほんの少しでもかみ合うように変わったら、できる形や出てくる答えが必ず変わる。今のままでいくと不幸なニュースが増えるいっぽう。それを減らすのも増やすのも、それは僕たち一人ひとりの心の持ち方次第なんだと思う。

泉　いつか、いじめがない世の中になるのが理想やけどな。

田中　それが理想だけど、いじめがなくなる、なくならないの視点では僕は子どもたちに伝えてないのよ。ただ一点**「救える命は救おうよ!」**って。

泉　そうやな、命が一番!!　少しでもイヤなニュースがなくなってほしいよな。

いじめの講演〜子どもたちからの手紙〜

田中　ここからは、僕のいじめの講演を聞いてくれた子どもたちからいただいた感想のお手紙をいくつか抜粋して紹介したいと思いま～す。

泉　うれしいなぁ。よろしくお願いします。

田中　「オレンジ田中さんへ　オレンジ田中さんは、〈となりの友だちの笑顔をよく覚えておいてね。この笑顔が少しくもっていることに気づいたら、みんなで、その子を笑顔にしてあげてね〉と話されていました。わたしはその話を聞いて、オレンジ田中さんたちは、ただ笑わせるだけでやっているのではなく、みんなを笑顔にするためにやってくれたのがわかってきました。マネキンチャレンジでみんなの笑顔を見ることができました。笑顔を見ると、気持ちが明るくなったり、わたしも笑顔になれました。わたしはオレンジ田中さんのおかげで、笑顔っていいものだなと思えてきました。本当にありがとうございます。これからもわたしたちは、笑顔を大切にしていきたいと思います」（小6　女児）

泉　すばらしいよね。これをてっちゃんが、教えたの⁉　すごいなぁ。

田中　マネキンチャレンジってこれ、とまった状態で動画をとるやつ。みなさんに笑った状態で静止してもらって、それを端からずっと動画で撮っていくんですね。笑顔がテーマのマネキンチャレンジ。それをもう1回あとでプロジェクターか何かで見せて。それをみんなで見てもらって。

泉　で、この顔が、作り笑顔って……。

田中　作り笑顔ちゃう！　それまでに僕のしゃべくりでみんなの笑顔を引き出して……、めちゃくちゃ盛り上がる。笑いヨガっていう資格も持ってるので僕は。

泉　いろいろ持ってる！　あ、そうや！　あのお金を返してよ！

田中　あ、笑いヨガの資格の交通費とか全部出してくれたのはイズさん！　感謝してます！　子どもたちに「最高の笑顔をしてね」って言うとクスクスみんな笑う。それから録画した映像の中の笑顔をもう1回みんなに見てもらうと、面白くて本当の笑顔になる。そのときに「となりの子のこの笑顔を覚えておいてね」と言ってる。「となりの人の笑顔がくもってたら『何かあったの？』って声かけしてね」って。本当の笑顔を知っていれば、それが基準値になるから。

泉　マネキンチャレンジは子どもたちに喜んでもらってるの？

田中　喜んでくれている。すごく緊張と緩和があって「みんな笑って〜！　笑った顔ストップ！」って僕が大きな声で言うと、みんな声に合わせてピタリとその顔でとまるんですよ。

泉　お笑いの空気もよくとめるもんね（笑）。

田中　次のお手紙。

「オレンジさんへ。ぼくは、先生から、オレンジさんは話が上手と聞いていたのですが、ぼく

が思っている以上に、お話がうまくて、その話に夢中になりました」（小6　女児）

泉　ありがとうございます!!

田中　「僕は『マネキンチャレンジ』で田中さんが言っていたように近くにいる子が笑顔じゃなかったらいっぱい話しかけて、その子を笑顔にしたいと思いました」（小6　男児）

泉　すてきな発言やね。

田中　さすが僕の教え子やね。

泉　**タカナ先生いいね!!**

田中　タナカや!!

泉　続いて。

田中　「オレンジ田中さんへ。笑顔の大切さを学びました。オレンジ田中さんが最後に言ったように、誰かが笑顔じゃなかったら声をかけるようにすれば、人とコミュニケーションをとることにつながるんだと思いました」（小6　女児）

泉　笑顔の大切さを小学校の子が理解できたのがすごいよね。「笑顔じゃなかったら、声をかけるように」しているのはいいね。これはなかなか気づかない。

田中　そうなんですよ。

泉　いじめが起きてるかどうかわからないところで、あれ、あの子、くもってるってなったときに、声かけしようって、すごいな、と思いますよ。

田中　絶対ね、大人がしっかりしたらいじめって見つかるんですよ。子どもたちの世界の中でも、みんなで見つけていくというのがコミュニケーションやしね。

泉　正直な子たちやから、こういったちょっとしたことを教えてあげるだけで、何かが違ってくるんやろうな。

田中　いじめに限らず、悩んでいる人が救われたらいいんやけどな。

泉　てっちゃん、むちゃくちゃ頼もしい存在やんか。手紙で聞いてる限りは（笑）。

田中　いじめの講座のときはめっちゃ、熱入ってる！　次いきま～す。

「田中さんへ。いじめられていても田中さんのように、抜け出すきっかけを見つけ出して、抜け出す人もいるけど、抜け出せない人もいる。そんな抜け出せない人を助けたいと思う。納豆体操や漫才教室などもとても楽しかったです。とくに校長先生のふなっしージャンプがおもしろかったです」（小6　男児）

泉　**いや、校長先生やん！**

田中　これもコミュニケーションをとるきっかけで、僕がいきなりしゃべるよりも校長先生へムチャ振りして「ふなっしーをやってください！」ってお願いしたら、校長先生がノリノリでやってくれたんよ（笑）。

泉　校長先生になにさせてんの？

田中　そう言われるとちょっとつらいけど……。

泉　こうやって人のことをちゃんと考える気持ちが大切やってこと、この講演で子どもたちに響いてる。なかなか気づけないことやからね。まじめな部分のいじめの講演としては成功やけど、**一番おもしろかったのが校長先生のふなっしー**。**なんべんでも笑える**。

田中　いじめに対する思いは伝わったんだけど、**お笑いは伝わらなかった**（苦笑）。

泉　お笑い芸人やのに、お笑いはできないけど、いじめの話はすごくできるって！

田中　すごくできます!!

泉　吉本のコンプライアンス担当者になりたいんやもんな。

田中　将来の夢です。

泉　**芸人やめてまえ！**

田中　次いきま〜す。

「第一部の講演では、相方さんや千原せいじさん、ぐっさんの話など、とても深いお話で心にぐさりとささりました」

泉　何をしゃべられてるんやろなぁ～。

田中　「特に、相方さんの言葉は涙が出そうになりました。第二部の講演は、前で漫才をした子たちもとてもおもしろかったが、それ以上に田中さんのツッコミがいちいちおもしろくてたくさん笑いました。あんなに人前でおもしろくしゃべれてすごいと思いました。私はテレビよりYouTubeを見るので、調べてみようと思います!!」（中3　女子）

泉　テレビ観てや！　そうか、こんなにてっちゃんがおもしろいってなってるから、もう『ぐっさん家』って番組見させたらあかんで。ぜんぜんしゃべらへんから。

田中　**あれはカットされてるんです！　カット！**

泉　そうですか～!?　でも、俺の話を含めていろんな話、吉本の師匠や兄さんの話もしてるんや。

田中　僕が体験した話ね。先輩と接したとき、どんな感情やったとか。

泉　この子自身も、いろんなものを見ていこうという気持ちになってるのはデカいよね。

田中　やっぱり、漫才のレクチャーとかやると……。

泉　**漫才できてないのに**……なんでレクチャーしてんの？？？？

田中　まぁ、できてるふうや。

泉　てっちゃんのこと知らん人は、みんな神みたいに思ってるんやで。すごい漫才うまくって、めっちゃ面白い人ってなってんねんで。

田中　すごいでしょ！

泉　「YouTube見ます！」って。**夢……壊れんといいなぁ**（遠い目）。

田中　グサっときたわ！　次！

「約10年間『いじめる、いじめられる』という環境にいながら、それを耐え抜いたのはすごいと思いました。また、東北での話から、笑いの大切さを知ることができました。後半の漫才体験では、笑いをとる難しさや漫才師の大変さを実感することができました。漫才師の会話力・判断力・即興力の高さを思い知らされました」

泉　ちょっとこの子呼んできて！

田中　「コミュニケーションをとって、命を大事にしなければならないということを心に留めて生活を送りたいです」（中3　男子）

泉　「漫才師の会話力、判断力、即興力の高さを思い知らされました」――！！！！　22年コンビを組んでるけど、**ここのところだけはキッチリ訂正する。これはない！**

田中　イズさん、講演に来てくれるかな（笑）。

泉　俺が行ったら、もっとすごいことなるよ。子どもって正直やから、でも、てっちゃんがいい空気感でやってるってことやろな。でも、これ大事やん。「コミュニケーションをとって、命を大事に」っていうの。

田中　伝わっててうれしい。いじめの講演で面白いのが、最初に僕のお笑いのトーンでオープニングスタートするんよ。

泉　何しゃべってるの？　聞きたい！　会話力、判断力、即興力ってどんなこと言ってるの？　何かやって！　会話力のオモロいの。

田中　会話力オモロいの!?　なんちゅうフリなんですか！　いくらなんでも怒りますよ！

泉　なんちゅうフリって言うけど、校長先生にしてたやんか。ほんまにウケるの？

田中　ウケてる！　学校で必ずやるのが、面白い先生たちのリサーチ。それはイズさんと漫才をやってるときにもやるやん。

泉　学園祭で、学校いじりから入ってくってやつやろ。**オレンジの得意のパターンや！**

田中　コミュニケーションを取るのに頑張っとる！

泉　**先生に依存する、ダメなコンビやん！**

田中　でもね、子どもたちの場合、先生をいじることによって、信頼感が生まれるんよ。そのいじりもなんでしたかっていうのも、講演の中で説明していくんですよ。子どもたちにわかりやすいように。納豆の歌、納豆体操っていうのが出てくるんですけれども、これは僕がオリジナルで振り付けを考えた。高齢者施設でもやってるんですけど、子どもたちに「僕はこれを高齢者施設でやってるから、みんなもやってみようか⁉」って誘う。ヘンてこな曲が流れたらドッカンドッカンドッカン、ウケる。そのヘンてこな曲が流れたら先生を前に出して「先生、一緒にやりましょう」って。その後、いじめの講演に入った瞬間、シーンってなるんですよ。みんな前のめりになって真剣に聞いてくれる。それは僕を信頼してくれてるって言うのが……えーと、その中から話が生きてくるというか……。わかる？

泉　普通にまじめな話を最初からしても、子どもたちとの距離感っていうのがあるんやな。それが笑いの世界を最初に持ってくると完全に一緒に楽しんでくれるので、その後にいじめの話をしても、ものすごく信用して話を聞いてくれると思う。**はい、解説しました。**

田中　僕それが言いたいんですけど、ちょっと遠回しなんですね。

泉　**かなり遠回し**やな。

田中　ぐたぐたですみません。じゃぁ、最後いきます。

「オレンジ田中さんへ　『ぐっさん家』でよく観ていたので来てくださるのをとても楽しみに待っていました。オレンジ田中さんのおかげで「コミュニケーション」を誰とでもとる大切さを学びました。私の顔も『とてもおもしろかったね』って明るい会話ができました。私がとくにおもしろかったのは、白いタイツをドレスにしたところです。あれは本当におもしろいですね！　私もみんなも笑顔になれた『魔法の芸』といってもいいと思います」（小6　女児）

泉　**大道芸やないか！**

田中　これは、リクエストがあればやります。

泉　てっちゃんは全部持ってくの？　大道芸の道具とか？

田中　全部持ってく。「田中さんのネタ見たい」と言われたときに「今日はムリだよ」っていうのは、絶対ないようにしてる。

泉　オレンジスーツを脱いで、ドリフみたいな虎のパンツはいて、スエットを純白ドレスに変えるっていうオレンジのやってるネタや。

田中　けど風船の中に入るネタだけは、僕のこだわりでイズさんとしかやらない！

泉　**ドヤ顔して言われても、なんのこだわりかようわからん！**　てっちゃん、本ネタのときに虎のパンツ、よう忘れてるで。リアルなおっさんのパンツ披露するときもあるけど、子どものためには忘れないんやね。

田中　いじめの講演のときには、あくまでも子どもたちが主役やから、リクエストがあればやるけど、僕が目立つことは考えてないんよ。実際に鬼のパンツをはいて学校には行くけど、ズボンを脱がずに帰ってくるときもあるし（苦笑）。

この子は漫才やってくれたんかな、そのときに「いいやん、いいボケしてる、明るい顔が」とか言ってあげたんやと思う。

泉　褒《ほ》められたい人は褒め上手になるんやろうな。子どもたちは敏感やから。

田中　大人はダマされるけど、子どもはダマされへんで。

泉　大人はダマすんかい。それがすべてやん。

田中　違う！　違う！

泉　**汚れ芸が一番楽しかった**っていうのはよかったですね。

田中　汚れ芸違う、魔法の芸ですよ。

泉　でもみなさんにちゃんと伝わっているというのがすごいね。何より面白かったたっていう言葉と、笑顔が大切なんだよというのが、みんなわかってくれてるのがすごくうれしい。日常の中で、絶対に笑顔ってないといけないもの。それも自分だけが笑ってたらいい、っていうことではなくて、まわりの反応も見て「みんなが楽しくなってますか？」ってことをちゃんとね。

田中　笑顔で助かった人は、いじめられたことが経験になる。そうなると、いじめとかが自分のまわりであったら、今度は自分が何かできることを見つけて手を差し伸べなきゃ、って**いい連鎖を生んでいく**と思う。いじめがなくなる、なくならないではなくて、そこでまず学びができるから。

泉　今回のお手紙を見ると、完全にオレンジの田中さんはおもしろくって、すげーできるヤツなんだ、って思ってると思うけど、これ全部バレるけどいいの？　**究極のポンコツだよ**って。

田中　究極のポンコツですけど、講演の60分は誰にも負けません！　思いを伝える部分では、僕はやり…ま…す。

泉　**弱々しい！　ちゃんとせえ！**　そのぐらい人は変われるんだということやな。

田中　それはイズさんの支えがデカいですけどね。

泉　なんかブリッジのように、相方を道具のようにちょいちょい「イズさんの支えによって」って。俺の話、結構薄かったで。

田中　そんなことないよ！　ちゃーんと講演では話してる。だけど、いじめはあくまでも経験。僕がいうのも何やけど、過去の経験にしなくちゃいけないと思ってる。

講演後に全校生徒と一緒に記念撮影するオレンジ

いじめの講演に込めた思い

泉　いじめの講演活動を通じて、子どもたちにどういうふうに思ってもらいたい？

田中　やっぱり夢をたくさん持ってもらえるようになったらいいよね（笑）。

泉　とにかくコミュニケーションとってたら、こんな楽しくなってくるんやってことを知ってほしいな。会話って、すごい力があって、**その向こうに何かとてつもないものが待ってる**って。連鎖反応というのは絶対あると思うから、一人ひとりの意識が一瞬でも、少しでも変わっていって、いじめ的なものも減ってくれたらいいし。俺が田舎に住んでたときは、いつも近所のおっさんから「おまえ、泉の家の子やろ」って言われたし、おかんに「となりから醤油借りて来て」って使いに出されることもあった。でも、名古屋に来てマンション暮らしとかすると、となりにどんな人が住んでるのかさえわからんし、どんどんどん会話もコミュニケーションも減って、孤立する。だけど本来あるべき姿って、やっぱり会話やしコミュニケーションやもんな。

田中　そう、そう。

泉　一人では生きていかれないから、やっぱり誰かがいてってことや。俺ちょっと自分のマンションでもそうやけど、普通に誰かに会ったら「こんにちは」って挨拶《あいさつ》しようと思った。

田中　**声かけは大事**や。

泉　そういうところから、また違う関係になっていくこともあるし、こういうひとつのキッカケを何か、いじめの講演の様子で聞かせてもらって、子どもたちが感じることは別やろうけど、俺も考えさせてもらってた。

田中　うれしいのは、最初、僕は伝えることをメインに講演をはじめた。でも、講演先の子どもたちから感想やメッセージをいただくと、**逆に自分がまた励まされてて、一人じゃないって思える**。

泉　ＬＩＮＥとかもええけど、やっぱり人と向き合って話すことは大切。人と向き合って言葉を交わしてはじめて「ああ、この子、何かイヤがってるな、困ってるな」ってわかるもんやからな。少しでも相手のことを考えてみようとか思うキッカケになればいいな。会話の能力やコミュニケーション能力ってすごく低下してきてるから、これは大事。あと「みんなといるんだよ」っていうチームワークみたいなものがいじめの講演で伝わってるといいよな。実際、感想を聞くとそう感じるし。

田中　すごくありがたいです！　人が嫌いだった僕が、人を大好きになれた。だからみんなも変われるし、そうなってほしい、そういう思いでやってる。みんなキッカケを待ってると思うから。

泉　何より「笑い」っていいよな、って子どもたちが思ってくれてるのは、芸人としても本当にうれしい。そして、それを**てっちゃんが、伝えてるってことがすごい！**

田中　すごいよね。

泉　このオチはすごいぞ！　究極のポンコツやってんで！

田中　みんなのおかげです。いろんな人との出会いがあったからこそですから。

泉　すごく勇気とパワーを届ける活動やな。ひとつ言えるのは、芸人の仕事してるから、こういうことができるわけやね。

田中　そう、芸人じゃなかったら今のやりたいことはできてなかったです。

イズさんと漫才をやることで、漫才師になったことによって学校の先生とも親しくなれたし、みんなの前で講演をさせていただいてるし、そのほかにもいろんな仕事をさせてもらっている。これは本当にお笑い芸人になったからこそ。だから僕は今、自信を持って漫才やってるって、言えます。

泉　ひとつのことが入り口やけど、その先にはいいことが何個もあるからな。誰でもそうやけど、スイッチは必ずあって、そのスイッチを見つけることができたら、どんだけいいことが出てくるかというのは、やっていかんとわからんもんやから。

田中　だからこそ、子どもたちに伝えたいのが、夢をたくさん持ってくださいってこと。そこにつながってくるから。

泉　そうやな。夢を持って夢に向かって走っていけば、その結果、こんないいことがあったよ、そこからさらにいいことがあるよってな。それができれば、人はものすごく変わってるはずやし。

田中　いじめで学校生活に挫折《ざせつ》して、一度は夢にも挫折したヤツが、お笑いを通して40歳超えても新しい夢に向かって走ってますから。

泉　だって、あなたがお笑い芸人になった動機は！

田中　**ちやほやされたい！　女性にモテたい！**　もともとの入り口はそこ（笑）。

泉　薄いな〜（笑）。

田中　薄いんですよ、全部（笑）。**そんなんでもやっていけば濃くなっていきますから。**

泉　そうやな。だって今、てっちゃんは、自信がすごくあるもん。前だったら、長尺のネタや司会でも「1時間あるぞ」ってなったら、確実に不安で挙動不審だったけど、今は長尺でも、なんの恐れもなくなってきて大変身や！　あなた、芸人やめてさ、そういう活動しなよ。ボランティアで。

田中　いや、**もう少しなんとかオレンジやらしてください！**

第5章

笑いとコミュニケーションで、人生は楽しんだもん勝ち！

田中の心のシャッターはすぐ閉まる

田中　コンビ組みはじめた頃は、確かにコミュニケーション下手《へた》くそやったと思ってる。
泉　へたくそ言うより、無茶苦茶やったよね〜。
田中　イズさんの質問に自分の答え、合ってなかった……よな。
泉　**それは今も合わへんで。**
田中　え？　そうなん。ダメダメやったのは認める。
泉　名古屋吉本の舞台でレギュラーやってたとき、兄さん連中ばっかりやったら、ほんまてっちゃんは不器用というか、まったくしゃべらない。
田中　**しゃべらんのではなく、しゃべれんかった。**
泉　いくらなんでもあれは、挙動不審がすぎたで。「ええから、大丈夫やから、行けよ、行け」って言っても後ずさりして、ひとつ言もしゃべらん。というか単語すら出てこなかったよな。
田中　**もうね、その場にいるだけで精いっぱい**。うん、いっぱいいっぱい！
泉　力強く言ってる場合じゃないで!!　もうこれはコンビとして機能せえへんな思ったもん。

田中　せえへんよなぁ。

泉　**他人《ひと》ごとやん！**　その当時は、勢いもあったし、若い女の子なんかは、強烈なキャラクターとテンションの高さでガッと行ったら、一気に人気をとれる時代やったから、とりあえずごまかしにごまかして。でも、漫才なんて無茶苦茶やし、コントなんてグシャグシャ。もうこのキャラだけ、これ1本でやり通すしかない、って時代もあったなぁ。

田中　そのときは、ひたすらおしゃれとか格好つけようとか思ってた。美意識が高かった。

泉　**まったく関係ないところでは頑張るよな！**　ズレとる！　だからネタ書いてこいって言ったら、いきなり60ページの小説を書いてくるし……。

田中　大作やったよな。

泉　使えるわけないやろ！　オレンジというコンビの形ができるまでは結構しんどかったわ。

田中　**いっつも怒られてた記憶しかない**。

泉　実際、怒ってた。オレンジに今、ネタ帳がないのも、てっちゃんのせいやもんな。

田中　ネタ帳通り、一字一句はムリや。

泉　最初はネタ帳通り、一字一句やったこともあったやん。**けどそれやると、腹立つだけやった。一字一句、全部ってぐらい間違えて漫才を終えた**こともあったしなぁ。

田中　正解のほうが少ない（笑）。

泉　ぜんぜん違う形の漫才になってもうて、イメージと違いすぎたから、てっちゃんにめっちゃ怒ったこともあった。そやけど「これやってても、きっと伸びへんやろうなぁ」というとこまで自分の中では行っとったんよ。そのとき、ふと「てっちゃんは、どんな世界を持ってるんやろう？」って思ったんで、てっちゃんに「ネタ書いてきて」って言ったんやっけ？

田中　「怒らへんからネタ書いてこいや。60ページも書かんでいいから、ちゃんとネタを書いて来て」ってイズさんに言われたと思う。

泉　そしたらや！　もうねぇ、ビックリですよ。まず**誤字脱字が大量発生！**　字は下手な小学生ぐらいの汚い字！　ネタ云々《うんぬん》の前に、そのノート自体がめっちゃオモロい。ネタも「天使の天使ちゃん」やで。ビックリや！

田中　金髪の被《かぶ》り物はよかったやろ（笑）。

泉　それはそれはもうシュールで、パンイチ（パンツ一丁）で、てっちゃんが天使の格好かなんかで、俺は警察で職務質問するんやな。

田中　「僕は天使の天使ちゃんなの！」ってずっと言い張るっていう。ちょっと謎めいたコントな（笑）。

泉　だいぶんおかしいやん、それ。わけわからんよ、その展開。まぁ、**天才やな**（苦笑）。でも、そのノートをバーンと単独ライブの舞台で「これ、てっちゃんの字、ネタ帳、そのまんま出しますから」って言いながら誤字脱字、汚い字をスクリーンにさらしたら、お客さんにウケてな。「ん？　これでいいんか？」って。

田中　今は……。

泉　だから、最近は褒めるように褒めるように。

田中　褒めて、育てて！

泉　褒めてるときはめっちゃニヤニヤしてる。

田中　テヘ（笑）。

泉　なんなのテヘって！　でも根本的な、アホみたいな間違いをするときは、それは怒らなアカンけど、でも今でもすぐシャッター閉めるよな！

田中　**怒られるのイヤや**。

泉　それはうちの社員さんに何か言われるときでも同じやなぁ。もうテンパってくると、「あ、あ、あ、おおん」

ライブスタンドで新聞に取り上げられた！

みたいな感じでな。

田中　そんなんか？

泉　よう言っとるがな。話、聞いてるのかさえ、わからへんようになる。だから喧嘩みたいなんもようした。

田中　昔はな。

泉　ただ喧嘩みたいにはなるけど、喧嘩は成立しない。どっかの地方の営業でもあったよな。飲まれん酒を飲んで盛り上げてくれるのはいいんやけど、変な酔い方しだしたから「おまえ早く帰れや」って言っても飲んでるから「もうええわ！」って放置したけど、だいぶ俺はその態度にイライラしてた。まだホテルの部屋もコンビで一室しかとってもらえなかった頃やから「部屋行ったらどついたろ」と心の中で思ってて、部屋戻ったらや。てっちゃん、いびきかいて寝とるやん。**それも俺のベッドで寝てる！**

田中　あった、あった（笑）。新潟や！

泉　「なんやねん、こいつ！」と思って「おまえのベッドはこっちじゃボケ！」って言って布団に手かけたら、ちょっと目を開けて何ごともなかったかのように「あー、イズさん、お疲れっす」やて！　「こいつ、腹立ってきたわ、一発いったろかな」と思ったら、ベッドとベッドの間のベッドサイドテーブルっていうんですか、あそこに汚い字で**「イズさん、今日はごめんなさい」ってメモ**が。握った拳《こぶし》を開いて布団をそっとかけて「おやすみ〜」って（笑）。

田中　覚えてるよ、それ。

泉　**おまえ、寝てたやん！**　もうこんなんばっかしや！

サロマ湖マラソン　大助・花子師匠との出会い

泉　てっちゃんは、マラソンも頑張ってるなぁ。「サロマ湖100キロウルトラマラソン」の正式タイムはどれくらいやった？

田中　正式タイムは9時間46分26秒。40歳になって10時間を切ることができました！

泉　芸能人で1番か？

田中　芸能人で2番目でした。1位を調べたら、2018年に走ってる人がいて、ただ僕はお笑い界、芸能界で40代100キロマラソン第1位。

泉　細かいな。でも40代で記録伸ばすって、伸びしろあるなぁ。マラソンはじめたのはいつから？

田中　マラソンは中学時代に陸上部に入ってた頃から走ってはいたんよ。それから、ちょっと走るのはやめて、30歳前後で宮川大助・花子師匠にホノルルマラソンに連れて行ってもらってから本格的にはじめた。

泉　ホノルルには俺は行ってないけど、サイパンマラソンには一緒に行ったな。

田中　だから10年ちょい走ってて、100キロマラソンは7回目。

泉　最初にフルマラソンを走ったときは、タイムはどれぐらいやったっけ。

田中　6時間とかそんなんやった。

泉　その頃のフルマラソンは、もうへとへとで、なんとかゴールしたんよな。

田中　陸上部云々《うんぬん》はもう関係なかった。

泉　ホノルルマラソンの最後、ゴール前に花子師匠が立ってて、てっちゃんに「あんた、あと少しや、頑張れ！」って言ったら、てっちゃん、感極まって泣いてんな。花子師匠が**「泣いてる場合ちゃうがな、あそこまで頑張り。あのゴールに大助師匠が待ってるから！」**って励ましてくれて。

田中　もう、花子師匠の顔見ただけで涙出てきた。

泉　それで感動のゴールや！「大助師匠、頑張りましたー！」って大助師匠に抱きついたんやな。

田中　もう声振り絞ってガーッって。**けど、ぜんぜん違うオッサンやった**（笑）。**大助師匠は木の下でバナナをかじってたわ**（笑）。肝心なとこで、よう間違えるわ……。あれは、自分でもすごいと思った。

泉　泣いてたから見えなかったん？

田中　そう、見えなかったんですよ。

泉　**天然の本領発揮や**。

田中　めっちゃ失敗した～（笑）。

泉　その次の年にサイパンマラソンを走って、100キロを走りはじめたのは「いわて銀河100キロマラソン」か。宮川大助・花子師匠が東日本大震災で被災した岩手県大船渡《おおふなと》市の復興応援特別大使を務められてはる関係で呼ばれ

サロマ湖100kmウルトラマラソンを完走した田中

たんやな。

田中　１００キロマラソンに僕が出て、応援をするということでね。名古屋からせっかく行くんで、名古屋のメンバーや有名人の人たちに、岩手のみなさんへの応援エールのコメントを応援旗に書いてもらって、それを持って走るってなったんよ。

泉　大助・花子師匠が今でも続けてる大事なイベントや。

田中　僕はドラゴンズのマスコット、ドアラのお面とユニフォームで１００キロ走った。14時間ぐらいのタイムやったかなぁ。ゴールはしたんやけど脱水症状を起こして倒れた。そしたら低血糖で顔が紫色になってて、周囲も「これはヤバい！」ってなったらしい。花子師匠が「助けたって、誰か！」って言ってくれて……。

泉　**それで岩手の震災チームの被災地の人たちに助けてもらったんよね。**

田中　そう（苦笑）。エールを送るところが、エールをもらって帰ってきた。

泉　応援に行ってるはずが応援されて。

田中　みんなに何やってんねんて言われた（笑）。

泉　**「名古屋に帰っても頑張ってください」って。逆や！　逆！**

田中　岩手のみなさん、大助師匠、花子師匠、すみませんでした！

泉　まぁ、でも、そのとき100キロを走りきるなんて、てっちゃん、すごいなぁーって正直思ったわ。花子師匠にも**「あの子、根性あるわ」**って褒められたよな。

田中　うれしかった〜。

泉　そこから毎年、100キロ走りはじめたんやな。やっぱりもう40代やし、歳をとれば歳をとるほど、筋肉っていうのは衰えるのが普通やのに、てっちゃんの場合は毎年進化してくるのはなんなんなの！　14時間からはじまって、今もう10時間を切って9時間台やろ。6回目から7回目のタイムがどれぐらい縮まったん？

田中　40分ぐらい縮まってる。

泉　すごいなぁ。そんな進化するの？　芸人としても頑張ってくれよ……。

田中　あ、そこへ行きますか！

泉　自分のマラソンのキャリアと、タイムっていうのが正比例で伸びていってるのに、**自分の芸歴と笑いの量とが反比例ってあなた！**

田中　イズさんは、唯一マラソンの時期だけ褒めてくれるよな（笑）。

泉　だって芸人としてのスキルは20年前となんにも変わらないですよ。サントリーの酒ほど変わらない。**何も足さない。何も変わらない。**

田中　それメッチャ言うなぁ（笑）。

マラソンで褒められる田中、至福の時間

泉　いつもトレーニングしてるの？

田中　まぁ仕事があるときには休むこともあるけど、基本は10キロ。調整して、お酒を飲まなかったり、もうちょっと長い距離を走ったりとか。

泉　今、オレンジで愛知県の福祉関係の場所でいろんな仕事をさせていただいてるんやけど、将来的には目の見えない障害のある方と一緒に走るとか考えてるんやろ。

田中　伴走、サポートランナーね。

泉　それは、絶対喜ばれると思うわ。

田中　なかなか100キロ伴走する人はいないと。

泉　100キロはまずいないと思うわ……。10キロとか、20キロとか、フルマラソンまでは伴走できるかもしれんけどな。100キロは相当の体力がないとムリやろ。でも、なんで30歳前後から急にマラソンにハマったの？

田中　これはねぇ、**それまでの人生で褒められることがなかったんよ**。マラソンって、ゴールすると異常にみんなに褒められる。びっくりするぐらい褒められて……。

泉　**おまえは犬か**（笑）。

田中　「オレンジっておもしろいね」と言ってもらえたり、お客さんが笑顔になることももちろんうれしかったけど、もうマラソンはダイレクトに褒められる。「なんだこれ」って。走ってる最中に沿道の応援があったり、しかもつらいときに「頑張れ！」とか後ろのランナーが言ってくれたり。一度走り切ったら、とんでもない喜びと幸せとを実感したんよ。

泉　みんな応援してくれるもんなぁ。

田中　それがいやらしいですけど、マラソン終わった後もハイな気分が2～3週間続く（笑）。もうねぇ、**誰も僕のことを悪く言わない時期が来る**。それがもう快感になってきて、さらに欲が強くなってきて、気づいたら100キロマラソンに7回出てた（笑）。

泉　「てっちゃん、すごいですね！」ってか。

田中　それが年に1回の僕の居場所っていうか、お祭りっていうか、またこの空間、時間を味わいたいって思うようになっている。そのうえ、体力も上がるし、褒められるし、なんかみんなが優しくなるし。

泉　**今までどんな生活を送ってきてるの、逆に！**

田中　だからその時期はほんとになんか、楽しいのよ。純粋に。

泉　あなたは、本当に褒めて伸びる子なんやなぁ。

いじめられっ子の後遺症

泉　最近はもうなくなってきたけど、いじめられっ子の後遺症みたいなのも、かなり長い間引きずってたもんな。前に話したコンビ組みはじめの頃からずっと。

田中　うーん、自分ではわからないけど……。

泉　ネタについてコンビやから「やっぱりあそこ、もう少し、こう行ったほうがよかったな」とか、こっちはアドバイス的なことも含めて「やっぱりこうしてくれ」とか普通に言うやん。そのいわゆる普通のトーンでいくと**「もう、僕、怒られてるやん！」って涙目になる**。いやいやいや、普通に話をしてるだけやん、って思うんやけどな。

田中　そうやったかも……。

泉　こっちとしたらビジネスパートナーとして「ちゃんとやろうね」とか「今なんで俺がこ

う言ってるかわかるか?」とか、あるやん。もう、そんな話の持っていき方したら、ぜんぜん聞かない。

田中　はは（苦笑）。

泉　「ああ、ああ、もうええ！」とか言いだして。いじめの後遺症というか反動なんやろうけど「ああ、これは難しいなぁ」って思った。でもなぁ、何も言わんかったら、コイツまた同じ舞台で失敗するし……。まぁ、最初の頃はまいったよ。

田中　怒られたくないのは、いじめられてた頃からずーっとあって、過剰に反応してしまうのかもしれない。

泉　だから、ちょっと言い方変えて「飯、食いに行く?」とか。

田中　イズさんが対応を変えてくれたんよな。

泉　飯食いながら、おいしいもの食ってるときに「ああ、この前、あそこのところ、むっちゃうまかったなぁ。でも、ここああしたほうがもっといいんと違う?」って和《なご》やかな雰囲気にすれば、これまたわかりやすくちゃーんと聞く。

田中　**先生みたい**ですね。

泉　でもなぁ、3時間ぐらいするとすぐ忘れる。ムーディ勝山みたいに受け流しとる！　わからんことはどんどんどんどん流すし、それも何回も！

田中　そうそう、ロケでご一緒した猿回しの方に**「てっちゃんは、ほんとにウチが育てるサルと一緒で、よう忘れますね」**って言われた（笑）。

泉　犬やったりサルやったり。とにかく一生懸命なんやけどな。てっちゃんが、いじめにあってた期間は長いし、その間、ずっと孤独で、ひとりぼっちで何をしても相手にされへんていう時期が長かったことが、やっぱり影響してるんやろうなって、さすがに俺も考えるようになった。マラソンなんて一人で走ってるのに、それがひとりぼっちやない。沿道からの「頑張れよー」とか、そういうのがどんどんどんてっちゃんのエネルギーに変わってきたんやろうな。ゴールで一番リスペクトしてる花子師匠からの「あんたよう頑張った」っていう言葉が何よりのご褒美やな。

田中　ご褒美、ご褒美（笑）。そのうれしい状況が2～3週間続くのは最高なのわかるやろ。

泉　まぁ、誰が見てもうれしそうやしな。俺もてっちゃんから比べれば短い期間やったけど、孤独やった時期があるから、孤独でつらい時期が長かったてっちゃんをみんなが応援してくれる光景を見ると「あったかいなぁ」って感じてる。苦しいけど、ゴール目指して頑張るてっちゃんの気持ちもわかるしな。そこまでできるんやったら、てっちゃんのいじめの経験もそうやけど、今でも苦しんでる子がいたら、一緒に走ったらええんとちゃうかって思うわ。

田中　そんなのができたらいいよな。

泉　今回の100キロマラソンでも、たくさんの方から応援メッセージもらったんやろ。

田中　30代で完走したときは「よう頑張った」っていう労《ねぎら》いのメッセージが多かったけど、40歳という節目の歳だったこともあって、今回40代の方からたくさんいただいた。それも「力をもらいました。私は45歳ですけど、まだまだやれますね」とか。こんなのはじめてのことだったんで、ビックリして「あ、そんなことあるんや」って**自分の中でまた新しい発見**があった。

泉　Yahoo!のニュースで、てっちゃんのいじめの記事を読んだ人が100キロマラソンを完走した記事も読んでくれたこともあって「弱かった田中さんが100キロ走るなんて、むちゃくちゃカッコいいね！」とか「俺も頑張ろうという気になります」とかコメントくれてたしなぁ。

田中　自分が走ることが誰かの勇気や頑張りを応援できてるんや、ってはじめてわかって、それもうれしかった。

泉　花子師匠からの「あんたはこれを一生懸命、頑張り」って言ってもらえたところからのスタートやったけど、ほんま花子師匠のおかげやな。大助・花子師匠はオレンジ寄席にも定期的に出てくれるし、ほんまにオレンジをかわいがってくれます。俺も感謝しかないけど、てっちゃんはさらにマラソンもそうやからな。

田中　花子師匠から走るキッカケをもらえなかったら、今も絶対走ってないと思う。走ってなければ、みなさんから褒められることも、誰かの頑張りを応援できることもなかったから、本当に感謝しかないわ。花子師匠！　ありがとうございます！！！

泉　大助師匠とはホノルルのゴールで抱き合った仲やんか、忘れたらあかん！

田中　だから、**それはぜんぜん知らんオッサンや**（笑）。

コミュニケーションをとりながらそれぞれの活動へ

泉　でも、22年という時間はすごいな。22年前のてっちゃんは無口で、引きこもりみたいな感じで、ほんとにぜんぜんお酒も飲めなくて、女遊びもしないっていう「何が楽しいんやろ」って感じの人だった。だから「おまえ、友だちもいないし、家にばっかりいて、こんなことやってたら何も芸人として魅力がないよ」的なことを言ったと思うわ。今でも覚えてるけど、当時、「よしもとツアーズ」っていうファンの人と長野県にバスで一緒に行く企画があった。

田中　ああ、覚えてる。

泉　夕飯のバーベキューのときジョッキで乾杯したけど、てっちゃんはビールが飲めないから、こんなちっちゃいコップやったのに1杯飲んだらもうぶっ倒れてた。

田中　もうそれから一切動けずで……。

泉　先輩にも「なんで後輩の面倒見なきゃいけないんだよ」みたいなこと言われて散々でな。

田中　あれは本当にすみませんでした。

泉　それからやと思うわ。反省したんやろうな、飲めるようにならないかんって徐々に酒も飲むようになって。今や酒は飲むし、女遊びは……、今は俺よりも社交的で。

田中　やっと、いろいろ楽しめるようになったんよ。

泉　**ほんま、やっとや**（笑）。社交的になったなぁって思うし、人間的にも変わった。だから当時のてっちゃんのことを話しても誰にも信用してもらえないもんね。「え？　お酒は普通に飲むし、おしゃれな格好だし。そんなふうに見えないんだけど」って驚かれる。

田中　当時の写真を見たらびっくりするかもしれない（笑）。まぁ、イズさんは、先輩との付き合いは行ったほうがいいって言ってくれてたもんな、昔から。それでいろんな先輩と少しずつご一緒させてもらった。

泉　いじめの講演のきっかけも先輩との話からやもんな。

田中　そう。ダイノジの大谷ノブ彦さんにとてもよくしていただいていた時期があったんよ。その頃、ちょうど芸人がブログやホームページを作るのが流行りだした時期。だから、そこで「文章を書いてみたら」みたいなことを言われたんで、自分のいじめられた経験を使って、ネット上で「いじめ相談室」みたいなことをやりはじめた。

泉　一般の人というか子どもたちからの相談に、てっちゃんが答えてたの？

田中　**ガチのメール相談**。一問一答で。それをたまたま読んでくれた瀬戸市の中学校の先生から「うちの中学校で講演をやってほしい」という依頼が来て、そこからがいじめの講演のはじまりやった。

泉　先輩との会話からはじめたブログがキッカケやったんや。

田中　でも当時、イズさんがピンでの仕事で忙しくなってて、毎週イズさんが収録の日は僕がひまになる。コンビ組んですぐの頃だったら**「なんでイズさんばっかり仕事入るんだよ」**ってグチグチ考えてたのが、その頃になると「あ、僕はイズさんの後押しをしないといかんな。仕事がないって愚痴って、足を引っ張るとマズイ」って思えるようになってた。イズさんが僕のことを考えて、対応の仕方を変えてくれたから、コミュニケーションもとれるようになってたし、少しだけやけど自分以外のことも見えるようになってきてたのかもしれない。

泉　それから若手のライブにもピンで出てたなぁ。

田中　若手から嫌われて**「ジジィ、出てくんな」**みたいなのもあった（苦笑）。でも「金のために、目立つために必死なんだ」っていうところから、もう後輩の意見も先輩の声も聞かずに、とりあえず事務所に出してもらえるライブは全部一人で出て、アルバイトもめっちゃして、人材派遣でいろんなところにも行きまくってたわ。とにかくイズさんの足を引っ張らないために、当時の**自分でできることはなんでもやろう**、って決めた。その中のひとつがいじめの講演やったということかな。

泉　当時、『とんねるずのみなさんのおかげでした』に俺がピンで声がかかったんやけど、こっちの仕事とタブルブッキングしてな。当時の名古屋の支社長が「ああ、泉、残念やなぁ。その日、おまえはこっちで単独ライブがあるわ」って。奇《く》しくも俺の単独ライブとかぶった。

田中　『泉のゆかいな仲間たち』。

泉　支社長からは「せやからちょっと今回は収録参加を見送ってくれ」ってまさかの回答や。そう言われても、全国放送のテレビやん。出たいやん。

田中　もっと上の人に相談したんよな。

泉　そうしたら「そんなもん、テレビに決まっとるやないか!」って言ってくれて。それで結果的に俺は『みなさんのおかげでした』に出ることができた。

田中　それで僕ですよ、問題は。

泉　『オレンジ泉のゆかいな仲間たち』が『オレンジ田中のゆかいな仲間たち』に看板が変更になった。

田中　「ゆかいな仲間たち」はイズさんの後輩やから、**僕は完全なアウェイ**。めっちゃ終わった後に出演者から愚痴られた。最低の終わり方をしましたよ（笑）。

泉　お客さんは、オレンジの共通のお客さんでもあるんで、まぁ、ぜんぜん違うコンビが来てたらあかんけど、なんとか納得してくれたかも。

田中　最初に「レア回ですよ!」って言ったらウケたけど、**そこからスベりましたね**（笑）。オープニングだけうまいことといってその後は、先輩だけじゃなく後輩からもダメ出しの嵐!

泉　そのおかげで『みなさんのおかげでした』に出られたんやから、俺は今でもほんとに感謝やわ。

田中　僕も録画して観たけど、自分のことみたいに「やったーっ!」って喜んだ。

泉　オレンジは東京や大阪で頻繁に活動してるわけじゃないけど、吉本内では、名古屋って言ったらオレンジっていうのは、みんなわかってもらってるとは思うんよ。だからこれからは、名古屋発でもいろんなやり方もあるんじゃないかって。この本にしても、てっちゃんのいじめの講演活動にしても、ここまで広がったのはてっちゃんの行動から広がったんやもんな。

田中　**20年前からは想像がつかない未来**やったね。

泉　自分のできることを一生懸命やった結果が、いろんな人に広がっていったんやな。全国で苦しんでる子どもがいるんやから、いじめの講演活動なんかは、東海地区にとどまらず、北海道から沖縄まで広げていきたいな。俺も応援するし。

田中　そうやね。講演の活動は広げていきたいと思う。

泉　高校生のときのてっちゃんの将来の夢が「福祉の仕事」と「お笑いの仕事」やろ。かなえてるやん。オレンジも福祉芸人としていろんな活動させてもらってるし。いじめに関する仕事も広い意味でいえば福祉ともいえるし。

田中　あ〜、そうやな。いじめの講演で子どもたちに「夢をいくつ持っても、いくつ目指してもいい」って伝えてるんやけど、**本当に自分の二つの夢がかなったのかも。すごい！**

泉　いじめを受けて、その後遺症を長年引きずっていたてっちゃんがなぁ……。俺も感慨深いなぁ。長年介護したかいがあったわ。

田中　介護やったんかい！

お笑いがやめられない「お笑い依存症」

泉　**てっちゃんを見てると人って変われるんやって信じられる。**てっちゃんが言ってくれるように、俺みたいな存在の誰かがそれぞれにおって、その人から安心材料をもらうことさえできれば、いじめや引きこもりから抜け出せるのかもしれない。誰でも、今見えてる自分のキャラだけでなく、もっと奥には自分の知らない違ったキャラも絶対あるはずやしな。俺なんか、22年前とはまったく別人とコンビ組んでる感覚やもん。ここまで人は変われるんかって改めてビックリするわ。それぐらい安心っていうのは、人にとって大事なんやなぁ。ちょっと俺も安心感を探さなきゃいかんな。

田中　いやいやいや。約10年間いじめにあってた僕が、イズさんとの出会いで、その10年がポンと消えちゃう。そんなこと昔の自分には、とうてい信じられんことやった。でも、ビックリやけどそうやった。だから、いじめで苦しんでる人や、何かに悩んでる人は、1日でも早くそういう人に出会ってほしいと思う。でも、よくまわりを見ると助けてくれる人はいるはずです。

泉　ぜんぜん、見えてる景色が違うんやろな、20年前と。

田中　だって**いじめられた僕が教育の現場で講演する**んよ、ありえないいじゃないですか。

泉　20年前は下しか見てなくて、マイナスの言葉ばかりで、自信もなかったてっちゃんが、今は上を向いてるもんな。

田中　一度は、いじめで芸人を本気でやめようと思った。言い換えれば芸人として死のうとしたとき、イズさんが助けてくれると言って、実際にいじめから守ってくれた。**あのときが僕の最大の分岐点**。それまではがむしゃらに頑張っても、頑張った分だけいじめにあうという、理解できない現象が起こってた。頑張ってるのになんでこんなつらい思いしなきゃいけないんだって思ってたのが、その日を境に前向きにどんどんなっていった。そうすると漫才がどんどん楽しくなっていくんよ。楽しくなったら、**なぜか笑いがついてくる**。仕事も最初は小さい劇場だったのが大きい会館で漫才できるようになったり、いろんな場所に行かせてもらえた。それが大きいと思ったら、自分が求められてる⁉　認められてる⁉　とか思えるようになった。それが大きいと思う。

泉　最近は、ウケたら前より喜んでるもんな。今、幸せでしゃーない感じやろ？

田中　そうやね。今回、この本が出ることも本当にびっくりしてるし。そうや、**まさかの厚生**

労働省からいじめについてのインタビューの仕事が来たのよ！

泉　ほんまかいな⁉　ええ〜、お国の仕事かいな。すごいなぁ。

田中　これはさすが思ってもみなかった（笑）。イズさんと一緒に、またこうやってオレンジとして世に出れる、本当にいじめを乗り越えてよかったたってしみじみ思うわ。

泉　**闇営業から闇芸人、いよいよ闇から解放されたね**（笑）。

田中　コメントしづらいわ！

泉　笑いの力って本当にすごい。芸人が薬物とかに手を出さないのは、ドカーンって笑いがとれたときに、アドレナリンがドバーッと出てくる感覚が言葉に表せないぐらい気持ちいい！　これがあるからちゃうかなぁ。

田中　**覚せい剤よりいいですか？**

泉　アホか！　やったことないから知らんわ！　あのドカーンという笑い声とあの感覚が頭の中に残ってると、絶対やめられない。やっぱりあれが欲しいと思ってしまうから。薬物やお酒の依存症ってあるけど、**俺たちは完全なお笑い依存症**やね。

田中　そうやね、依存症やわ（笑）。

人生は楽しんだもん勝ち！

泉　今は、楽しく芸人やれてるからすごく楽。それまでは気を張って、お互いがガチャガチャ、ガチャガチャせわしなくやってた。なんやろな、行かんでいいところにわざわざ足を突っ込んでる自分らがいたのかもしれない。

俺が今、楽しくやれるようになったのは、青空球児・好児師匠からいただいた言葉が大きいと思う。オレンジが大須演芸場の漫才でグタグタになったことがあって舞台を降りたときに、まじめに「田中、あそこのところこうやぞ、あれこうやで」って言って、てっちゃんも「ごめん、ごめん、このペースがあって……」とか反省会的な話をしてたのを師匠が見てたらしくて「終わったから飯行こうか」って誘ってくださった。俺らにとっては子どもの頃からテレビで見ている大先輩たちやから、もちろん喜んでご一緒した。

田中　覚えてる！

泉　「舞台降りたときに話し合ってるオレンジ見て、まじめだなと思ったけれども、あれはしないほうがいいよ。ミスはあるし、それで納得がいかないことがあったかもしれないけれども、**楽しんでやったほうがいい**。何か腹が立つとお互いそのことをぶつけあって、お互いがしっくりこないと、やっぱり窮屈な漫才になってしまう」って師匠がおっしゃるんよ。「師匠はそんなことを言い合わないんですか」って質問したら「そんなのぜんぜんない。一切やらない。人間だし、**舞台は楽しい場所だから**。人間なんだからミスもする。機械だったら言うこと聞くけれども人間だし、**そのミスも味なんだから**。それをまじめにいろいろ言うのは悪いことではないけど、楽しくやるためだったら、もうそれはやめておいたほうがいいよ。それは今日の舞台であったことであって、**じゃあ次は楽しんでやろう、それだけでいい**」と。

注意することは必要なのかもしれないけれども、1回目の漫才がめちゃくちゃウケていたのに2回目にちょっと間違えたからといって、それ以上にやるというのは、もう俺らの年代ではそこまでの変化はいらないんじゃないか。人間味というか人間力というのがもうできあがった二人が漫才してるんやから、どう楽しく漫才を舞台でやるかを考えたらいいんじゃないか、というようなことを言ってくださった。やっぱり大成して長い間この世界で活躍していらっしゃるお二人やから違うなぁ、深いなぁって思ったわ。

田中　じゃぁ今は、イズさんも楽しいと思ってくれてるんや。

泉　そういうことやね。ある時期までは、てっちゃんのことを、兄貴というか保護者みたいな目で見てたから、いつも不安がいっぱいあった。

田中　兄貴で保護者は正解！

泉　昔はいうても心配で大丈夫かっていう、いわゆる上からの目線で見ていた。でも、そればっかりやったら景色はずっと変わらない。今のてっちゃんを見たら昔とは違う。二人が同じ高さの目線で見る景色はぜんぜん違うし、その景色を楽しもうと思える自分がいる。それに、今までの上からの目線は、勝手に自分が心配して見ていただけで、いつの間にかてっちゃんは、てっちゃんでいろんなことをやっていて、今では俺を超える部分もあるしな。のろまなカメかと思っていたら、知らんところで人脈つくってるし、いじめの話だって、てっちゃんが自分で

人生は楽しんだほうが勝ち！

行動を起こしてなかったらいまだに世の中に知られることはなかった。これは確実にてっちゃんの頑張りや。見えないところでしっかりコツコツ種をまいていることは、やっぱり実もつけるし、花も咲いていくって思うわ。そういう点では俺も勉強させてもらってる。本当にムダな時間を過ごしていない。その行動力が自信にもつながってるんやろうし、実際、大須演芸場での漫才にもすごく安心感、安定感というのは出てきてるしね。……なんか、あなたのことを褒めてると、ほんまにニヤニヤするな。

田中 ははは（笑）。うれしいもん！

泉 **褒められるのと1万円が大好物やもんな**（笑）。

田中 最近覚えた言葉で好きなのは領収書！

泉 **結局、お金か！** 名古屋吉本では、二人ともそれぞれのタイミングで偉いさんや社員の人に厳しいことも言われたこともある。言われたときは「なんやねん！」って正直思ったけど、それが刺激になって頑張れたのは事実や。それにこの20年間、いっぱいチャンスももらってきた。そこはやっぱりありがたいし、感謝せなって思うな。

田中 失敗は何回もあるけどね。でも、それをどんだけ乗り越えるかだけやと思えるようになった。そのときに誰か助けてくれる人がいればいいだけの話やから。

泉　それやな。**コツコツやってったら絶対にそういう人は出てくるから。**

田中　僕がブログで「いじめ相談室」をはじめてから15年経つけど、唯一名古屋芸人で後押ししてくれたのがイズさんやった。まわりからは「何やっとるんや、気持ち悪い」とか「芸人がいじめとか言うなや」って言われたし、まだ時代的にもそうだった。けど僕はめげずに、イズさんの後押しを糧に、いろんな活動をしてきた。たまたま今回はこういうふうになったけど、否定的な言葉を投げかけてた人たちも、いじめの活動がちょっと世間に出るようになったら「すごいね」って褒めてくれる（苦笑）。

泉　**人間わかりやすい**ですよ。

田中　僕は変わらず、めげずにやってきただけ。

泉　まあオレンジは異色なコンビっていうところはあるんやろね。ポンコツから再生を果たすし、福祉やいじめの仕事もしてるし。いろいろあったコン

誕生日を祝ってもらってニヤニヤする田中

ビやけど、**最終的には楽しんだもん勝ち**とコンビで思えるようになったんやろな。自分が変わるスイッチって、自分ではわからないかもしれない。それでも**「私にも、僕にもスイッチあるんや！」**ということだけは知ってもらいたいな。どんなにポンコツでも、ひとつ志とか、熱い気持ちとかを持っていれば、それがあるだけでなんとかなっていくし、人生が楽しいと思えるようなときが必ず来る。スイッチひとつで、楽しいことを何か見つけられたら、そこから先の可能性は、無限大やしな。

田中　伝える楽しさも出てくるよ。自分の夢がかなったときに。

泉　**日本語が片言でもな**。

田中　一応、日本人ですよ。顔アジア！　だから、子どもたちだけでなくて、大人もいっぱい夢を見てもらいたい。夢を見たら子どもにも後輩たちにも語れるし、そこでコミュニケーションが生まれる。

泉　じゃあ、オレンジの舞台の出囃子《でばやし》はこれから相川七瀬さんの『夢見る少女……』でいく？

田中　あれは『いられない』やから！

泉　そうか（笑）。

田中　**泉**　どうもありがとうございました！

おわりに

本書でも紹介したように、お笑いコンビ「オレンジ」としての22年は、多くの紆余曲折《うよきょくせつ》がありました。コンビ結成後も、何もかもが思うようにならずに、何度も何度もぶつかり、コンビ解消の危機も数えきれないほどあったと記憶しています。

それでも名古屋芸人として、地に足をつけた活動を続けてきた結果、多くの地元の人々に愛され、応援していただき、少しずつ自分たちなりのお笑いコンビ「オレンジ」の形ができあがったと感謝しています。

これまで舞台やテレビ、ラジオでの漫才、コント、MCなどのお仕事以外にもさまざまな活動を経験させてもらってきました。コンビとしてだけでなく、田中と泉、それぞれ単独でも活動を続け、今では22年前には想像もできなかった分野へまでの広がりを見せ、自分でも驚くほどです。

22年を振り返り、個人的に印象深いのは、私の故郷でもある三重県の南伊勢町《みなみいせちょう》で平成25年から務めさせていただいている「南伊勢町観光大使」での活動です。大使の活動の一環で南伊勢町で漫才をさせてもらったのですが、これがオレンジの漫才を生で両親が見たはじめての機会でもありました。私事ですが、実はその数年前に長兄が幼少期からの闘病生活の末に他界し、両親共々悲しみにくれている時期でしたので、自分の漫才を見せることで二人を笑顔にできたことは、私にとっての最大の親孝行になったのではないかと思っています。

また「笑い」と「福祉」を結びつけた福祉芸人として、介護や福祉の現場などにも笑いを届ける活動をはじめました。みなさんと一緒にタオル体操で体を動かしたり、ストレッチしたり、運動を通してお笑いを身近に感じていただけるお笑いイベントも行っています。

私が芸人になったのは、周囲より少し遅い26歳になる年。高校時代には甲子園を目指す高校球児で野球に没頭し、その後はサラリーマン生活も経験しました。人よりも回り道した分だけ、その経験が今の活動に生

南伊勢町観光大使に就任したオレンジ

きているのではないかと思っています。

本書は「いじめ」という、なかなかヘビーな内容が入っています。お笑いの世界とは、できれば縁遠くあってもらいたいものなのですが、相方を語るには、いじめの経験はなくてはならないものともいえます。そして「僕、いじめられっ子やってん……」と単なる昔話にするのではなく、それをオレンジの活動の一環として「いじめ講座」や「コミュニケーション講座」につなげていく相方の姿は、22年前からは想像もできないほどの変身ぶりです。いじめの後遺症から、コンビ結成当初はオレンジの形を作り上げる苦労もあり、イラつき、憤る自分もいました。しかし、今、相方の頑張る姿を目の当たりにして、素直に「すごいな」と認めることができる自分自身も少しは人間としても成長できたのかなと感じています。

若い頃は、コンビでお笑いを楽しむまでの域には達していなかったのが実情でした。それが歳を重ねれば重ねるほど、少しずつではありますが、楽しみながら笑いを届けることの大切さを理解できてきたような気がします。そして、見える世界、見える景色は確実に変わってきたのがその答えなのではないかと感じています。相方の成長、私自身の成長、周囲の環境の変化など、その理由にはさまざまなことが考えられます。一番は二人のコミュニケーションだと思っています。「あ」「うん」の呼吸まで達しているわけではありませんが、二人が安心して楽しく板の上で漫才ができる、そこまではもうそろそろかな、と感じる今日この頃です。

とはいっても、超天然の相方です。これからすべてがスムーズに事が進むとは……ならないでしょう（笑）。それでも、オレンジならではの味、オレンジならではの笑いを多くの人にお届けするためにコツコツ頑張っていきたいと思っています。

これまでの22年間、オレンジを支え、応援してくださった宮川大助・花子師匠、青空球児・好児師匠。山口智充さんをはじめとする先輩芸人のみなさん、共演させていただいたタレント、MCのみなさんをはじめ、お仕事をご一緒させていただいたすべての方に心から感謝しています。そして、なにより名古屋をはじめとするファンのみなさん、ありがとうございました。

みなさん、これからもオレンジをどうぞよろしくお願いします！

オレンジ　泉聡

●著者略歴

オレンジ

泉聡と田中哲也による異色の漫才コンビ。吉本興業東海支社所属。主なレギュラー番組に「ぐっさん家」（毎週土曜日18:30～東海テレビ）、「いちばん本舗」（月～金11:15～東海テレビ 泉のみ）。また、大須演芸場定席寄席にも定期的に出演中。結成年月：1998年2月。

泉聡（いずみ・さとし）
生年月日：1973年5月16日
身長/体重：180cm／73kg
血液型：AB型
出身地：三重県南伊勢町
趣味：戦国時代に関連すること／プロレス観戦
特技：草野球／海釣り
1998年 NSC名古屋校 5期生

田中哲也（たなか・てつや）
生年月日：1978年11月08日
身長/体重：159.7cm／58kg
血液型：O型
出身地：三重県四日市市
趣味：ボランティア活動／アニメ／プロレス観戦
特技：100キロマラソン
1998年 NSC名古屋校 5期生

編集協力／吉本興業株式会社　松岡理恵　　撮影／牟田義仁

笑撃！ オレンジのいじめ絶滅計画

2020年3月1日　　第1刷発行

著　者　オレンジ　泉　聡　田中　哲也
発行者　唐津　隆
発行所　株式会社ビジネス社
〒162-0805 東京都新宿区矢来町114番地
神楽坂高橋ビル5階
電話 03(5227)1602　FAX 03(5227)1603
http://www.business-sha.co.jp

カバー印刷・本文印刷・製本/半七写真印刷工業株式会社
〈カバーデザイン〉大谷昌稔　〈本文DTP〉茂呂田剛（エムアンドケイ）
〈編集担当〉本田朋子　〈営業担当〉山口健志

ISBN978-4-8284-2166-7